Das Mausgraue Männlein

DAS MAUSGRAUE MÄNNLEIN

und andere Märchen

von
Hermann E. Schütte

Illustrationen von
Tayri Noha Hacene Azzi

Les éditions du
CRIEUR PUBLIC

Erste Auflage 1946, Verlag Hoffmann und Campe Verlag, Hamburg
Zweite, leicht überarbeitete Auflage 2020, Verlag
Les Éditions du Crieur Public GmbH, Hamburg

Foto vierte Umschlagseite: © DR
Titelseitendesign & Layout: Laurent Tournier, Paris
Zeichnungen: Tayri Noha Hacene Azzi, Altea
Herstellung und Auslieferung: BOD GmbH, Hamburg

ISBN: 978-3-948325-08-4 (Taschenbuch)
978-3-948325-10-7 (Hardcover)
978-3-948325-09-1 (E-Book)

Meiner Tochter Anja Kathrin gewidmet

INHALTSVERZEICHNIS

Der Alte aus dem Moor

Weit, weit draußen im Moor, da wo sich die Füchse gute Nacht sagen, wohnten einstmals zwei Schwestern. Ida hieß die ältere, während die um ein Jahr jüngere auf den Namen Gretel hörte. Gretel war blond wie ein Kornfeld. Ida hatte rötliches Haar, das wie eine feurige Lohe um ihren Kopf stand. Die Schwestern bewohnten ein kleines aus Lehm, Holz- und Flechtwerk errichtetes Häuschen. Zu ihrem Unterhalt hielten sie Hühner, zwei Ziegen, etliche Schafe, und für den Winter machten sie ein Schwein fett. Außerdem gab es noch Tauben, einige Kaninchen, vier oder fünf Bienenstöcke und einen Hund Tapsi.

Die Schwestern waren fleißig und brachten das kleine Anwesen gut voran. Nach dem Tode der Eltern hatte sich eine Tante der damals Drei- und Vierjährigen angenommen. Auch die Tante ist nun schon seit vielen Jahren tot. Gretel und Ida hatten sie sehr geliebt, aber ihre manchmal wunderlichen Reden wollten ihnen auch heute noch nicht aus dem Sinn. Sie wussten alle Worte noch auswendig: „Achtet auf den alten Mann aus dem Moor! Wenn er zu euch kommt, dann behandelt ihn gut, seid freundlich und aufmerksam, gebt ihm zu essen und zu trinken und bietet ihm ein Nachtlager an. In seiner Hand ruht aller Segen. Ohne ihn kann im Moor nichts gedeihen, keine Frucht und kein Vieh."

Versuchten die Schwestern weiter in sie zu dringen, so wiederholte sie statt einer richtigen Antwort nur ihre Worte; und manchmal fügte sie hinzu: „Eure Waage wird dann ausschlagen; nach unten oder nach oben."

Die Schwestern arbeiteten ohne Unterlass. Sie gruben das Land, schleppten den Dünger, versorgten das Vieh und hielten das Haus sauber und ordentlich. Mit seinen rotgestrichenen Fensterrahmen und Türen, seinen beinah schwarzen Balken und seinen weißgelb getönten Wänden stand das Haus da wie eine große bunte Blume. Und die Schwestern glichen fleißigen Bienen, emsig beschäftigt, den köstlichen Honig einzuheimsen.

Schien die Sonne, konnte das Haus herzhaft lachen; bei Regenwetter zog es ein krauses Gesicht und bat den Regen, nicht alle Farbe abzuwaschen. Der Regen war ein gutmütiger Patron und gab sich alle Mühe, die Farbe zu schonen. Schlug ihn der Wind jedoch mit harter Hand, dann half alle Gutmütigkeit nichts. Der Wind war stark und rücksichtslos, und alles, was er packen konnte, wurde durchgerüttelt und geschüttelt. Er ließ sich nicht erweichen. Auf den guten, weißen Schnee freute sich das Haus in jedem Jahr wieder. Der lag so weich auf dem Dach, und das Haus fühlte sich dann warm und geborgen.

Vor dem Haus hatten die Schwestern einen Garten angelegt. Hier zogen sie Tomaten, Petersilie und andere Küchengewürze. Jedes freie Plätzchen wurde durch Blumen ausgefüllt. Den Zaun entlang wuchsen Sonnenblumen und leuchteten beinah so hell wie die Sonne selbst. Aus dem Samen verstanden die Schwestern ein vorzügliches Öl zu pressen. Ein in ihm gebackener Buchweizenpfannkuchen mundete nicht nur, er gab auch Kraft und Ausdauer.

Zweimal im Monat musste eine der Schwestern in die Stadt, um dort Gemüse, Käse und andere Erzeugnisse ihres Fleißes zu verkaufen. Das war jedes Mal ein beschwerlicher Marsch. Ein schmaler Pfad führte über das Moor. Wer ihn verließ, den schluckte es. Er sank tiefer und tiefer in die so verführerisch grün aussehende, schlüpfrige Fläche. Das Schulterholz, an dem die Körbe hingen, drückte schwer. Aber einmal nahm der Weg ein Ende, und auf der zur Stadt führenden Landstraße fand sich gewöhnlich eine Fahrgelegenheit. Die Schwestern waren in der Gegend weit und breit bekannt und ob ihres Fleißes geachtet, so dass jeder sie gern mitnahm.

Hatten sie ihre Waren abgesetzt, kauften sie ein, was sie notwendig brauchten. Gretel brachte einmal einen Topf, einmal ein paar Löffel oder ein Sieb mit heim. Auch an Farbe dachte sie, an Knöpfe, Nadeln und Nähgarn. Für die Schafschur ließ sie die Schere schleifen, und ein neues Halsband für Tapsi wurde auch nicht vergessen. Auf dem Wege in die Stadt überlegte sie, was alles zu Hause gebraucht wurde. Auf dem Rückweg, wenn die Sachen wohlverwahrt im Korb ruhten, konnte sie dann ihren eigenen Gedanken nachgehen. Aber diese gingen kaum über das Haus und seine nähere Umgebung hinaus.

Ihrer Schwester Ida fehlte dieser hausfrauliche Sinn. Sie brachte auch wohl einen Eimer oder Besen mit, aber nur, wenn Gretel sie besonders darum bat. Sah sie jedoch ein buntes Band, einen farbigen Schürzenstoff oder ein schönes Stück Kattun zu einem neuen Kleid, dann konnte sie nicht widerstehen. Sie musste es kaufen. Und auf jedem Weg in die Stadt erblickte sie irgendein Stück, das ihr gefiel.

Der Rückweg war ihr besonders lieb. Die Last war leicht, und sie hatte Muße, ihren Gedanken nachzugehen. Da wurde aus dem Stückchen Band eine kostbare Spitze oder ein herrlicher Besatz, das Stück Kattun verwandelte sich in wunderbare Seide oder kostbaren Brokat. Bald wurde ein Kleid daraus. Aus dem einen Kleid wurden mehrere, und es dauerte gar nicht lange, dann hatte sie einen ganzen Schrank voll. Der Schrank stand in einem schön eingerichteten Zimmer. Das Zimmer gehörte zu einem Schloss. Zu dem Schloss gehörten große Ländereien, viele Pferde, Kutschwagen, vornehm gekleidete Diener, Kammerzofen und Köche. Das Schloss lag in einem Park. Auf großen, satten, grünen Rasenflächen standen alte, riesige Bäume und viele seltsame Blumen. Tauben tummelten sich auf dem Schlosshofe, und ein eitler Pfau schlug sein Rad. Auf der Freitreppe erschien die Besitzerin dieser vielen schönen Dinge. Ein gesatteltes Pferd wurde vorgeführt. Die Herrin ließ sich in den Sattel helfen und sprengte, von einem laut kläffenden Windspiel begleitet, davon.

Bei dieser Beschäftigung verging die Zeit wie im Fluge. Oftmals war sie erstaunt und ein wenig traurig, wenn sie sich so schnell vor ihrem Häuschen wiederfand. Dann war sie wieder die Ida, die Käse und Gemüse in die Stadt getragen hatte, und mit dem schönen Traum waren das Schloss, das Pferd, der Hund und der Park verschwunden.

Ihrer Schwester gegenüber erwähnte sie ihre Träumereien nicht. Die Bänder, die Stoffe und der übrige aus der Stadt heimgebrachte Flitterkram setzte Gretel manchmal in Erstaunen, aber sie sagte nichts und ließ ihre Schwester gewähren.

So lebten beide weiterhin im besten Einvernehmen, gingen ihrer Arbeit nach und mehrten ihren Besitz.

Es war im Herbst. Gretel war in der Stadt gewesen und befand sich auf dem Weg zu ihrem Häuschen. Da begegnete ihr auf dem Pfad durchs Moor ein alter Mann. Als sie ihm Platz machen wollte, blieb er stehen, sah sie aus großen, warmherzigen Augen an und fragte: „Bist du die Gretel aus dem kleinen Häuschen weit hinten im Moor?“ Gretel bejahte die Frage und wollte weitergehen. Aber der alte Mann hielt sie zurück: „Wie die Zeit vergeht! Früher, als ihr noch klein wart und eure Tante noch lebte, habe ich euch manchmal besucht. Eure Tante war eine liebe Frau. Ich habe viel Gutes von ihr erfahren. „Komm“ — dabei wollte er ihr das Schulterholz abnehmen — „ich helfe dir ein wenig tragen.“ Gretel wehrte ab. „Ich bin noch jung und kräftig. Die Last drückt mich nicht, und meine Tante würde mich gewiss schelten, wenn sie es sehen könnte. Sicher hast du einen weiten Weg hinter dir? Da wirst du Hunger haben. Ich bitte dich, unser Gast zu sein.“ Sie schulterte ihre Körbe und fuhr fort: „Wir geben’s gern.“

Der alte Mann murmelte etwas Unverständliches vor sich hin und folgte ihr.

„Wenn ich dir zu schnell gehe, musst du es sagen", nahm Gretel die Unterhaltung wieder auf.
„Geh nur zu, mein Kind", antwortete der Alte, „ich bin andere Märsche gewohnt."

Nach einer Weile stellte der alte Mann eine Frage: „Gedenkst du noch manchmal deiner Tante?" Erstaunt wandte Grete ihren Kopf. „Es vergeht kein Tag, an dem ich mich nicht ihrer Worte erinnere, aber soviel ich auch Ausschau halte, den guten Moorgeist, von dem sie uns oft erzählte, habe ich noch nicht zu Gesicht bekommen. Und ich möchte ihn so gern einmal sehen und ihn fragen, was meine Tante mit ihren Worten eigentlich gemeint habe."

Der Alte lachte belustigt in sich hinein und meinte: „So, dem Moorgeist möchtest du begegnen? Da nimm dich nur in Acht; der Moorgeist ist ein gefährlicher Geselle, der hat schon manchem eine böse Nase gedreht." Gretel ließ den alten Mann kaum aussprechen. „Ich weiß nicht, ob der Moorgeist schon jemand eine Nase gedreht hat; eins aber weiß ich genau: wenn meine Tante sagte, ich solle dem Moorgeist gut sein, dann hat er es auch verdient. Ich lasse nichts auf ihn kommen. Und Ihr solltet keine schlechten Reden über ihn führen. — Und jetzt sind wir angelangt. Kommt! Schwester Ida wird uns ein Abendbrot bereiten."

„Deiner Einladung kann ich leider nicht folgen", bedauerte der alte Mann. „Ich habe noch einen weiten Weg vor mir. Vielleicht ein anderes Mal. Lasst's euch gut gehen. Ich werde euch nicht vergessen." Ohne eine Antwort abzuwarten, machte er kehrt und ging seiner Wege. Nach einigen Schritten blieb er nochmals stehen, drehte sich um und rief: „Achte gut auf deine schwarze Henne. Sie kann dich reich und sie kann dich zufrieden machen — je nach Wahl. Willst du reich werden, so musst du zu ihr sagen:

Hühnchen, Hühnchen, komm herbei, leg mir schnell ein golden Ei!

willst du aber lieber Gesundheit und Zufriedenheit, dann sprich:

> Hühnchen, Hühnchen, komm herbei,
> leg mir schnell ein frisches Ei!

Eins jedoch vergiss nie:

> Sie legt dir jeden Tag ein Ei.
> Verlangst du mehr, dann ist's vorbei.

Aber deiner Schwester darfst du das Geheimnis nicht verraten." Nach diesen Worten nahm er den Weg unter die Füße und war bald ihren Blicken entschwunden.

Auf ihrem nächsten Weg nach der Stadt hatte Ida eine Begegnung mit dem Alten. Er stellte dieselben Fragen an sie, und als er sich kurz vor ihrem Häuschen verabschiedete, sagte er: „Achte gut auf deine weiße Henne!" Dann verriet er auch ihr die beiden Verse und ermahnte auch sie, der Schwester gegenüber Stillschweigen zu bewahren. Ida versprach's, und der Alte ging seines Weges.

Die Arbeit wurde nicht weniger, und als sie sich eine Kuh kauften und später noch eine, kamen sie vom frühen Morgen bis zum späten Abend nicht mehr von den Beinen. Aber es lag ein Segen über ihrer Arbeit, und alles gedieh prächtig. Alle Stadtleute lobten ihre Butter, ihre Eier, ihren Honig und verlangten mehr, als sie liefern konnten.

Nach einer gewissen Zeit, als Gretel in der Stadt war, erinnerte sich Ida der Worte des alten Mannes. Sie rief ihre Henne, nahm sie auf den Schoß und sagte:

> „Hühnchen, Hühnchen, komm herbei,
> leg mir schnell ein golden Ei!"

Kaum hatte sie die Worte gesprochen, fing die Henne an zu gackern, und gleich darauf lag ihr ein glänzendes, goldenes Ei im Schoß. Ida wollte ihren Augen nicht trauen. Sie betrachtete das Ei von allen Seiten. Es war und blieb aus echtem Gold. „Ob ich es nochmal versuche?" überlegte sie. Aber dann fielen ihr die Worte des alten Mannes ein:

„Sie legt dir jeden Tag ein Ei.
Verlangst du mehr, dann ist's vorbei."

Da ließ sie ihren Wunsch unausgesprochen. Sie trug das Ei ins Haus und verwahrte es gut.

Ihrer Schwester gegenüber erwähnte sie kein Sterbenswörtchen. Jeden Tag ließ sie sich jetzt ein Ei legen. Auf ihrem nächsten Gang in die Stadt nahm sie die Eier mit. Sie überlegte lange, an wen sie sich wohl wenden könne. Endlich fiel ihr der Goldschmied ein. Vor seinem Schaufenster hatte sie häufig gestanden und die herrlichen Geschmeide, die Broschen, Ketten und Spangen sehnsüchtig bewundert.

Als der Goldschmied die goldenen Eier sah, wollte er wissen, wie diese in ihren Besitz gelangt seien. Ida überlegte. Endlich fiel ihr ein, dass der alte Mann ihr nur ihrer Schwester gegenüber Stillschweigen geboten hatte, und so erzählte sie dem Goldschmied aufrichtig den ganzen Hergang. Der Goldschmied machte listige Augen. Das war einmal ein Glücksfall, den musste man nutzen! Er schlug ihr vor, ihm die goldenen Eier zu überlassen. Er würde sie einschmelzen und das Gold dann auf die Bank tragen. „Auf der Bank", so fuhr er fort, „ist das Gold gut und sicher aufgehoben. Und wenn erst recht viel beisammen ist, kann man weitersehen." Dann durfte sie sich noch eine schöne Halskette aussuchen. Als Ida zögernd nach dem Preis fragte, meinte er: „Nimm nur! Das können wir später verrechnen." Und mit der Mahnung, recht bald mehr goldene Eier zu bringen, entließ er sie.

Allmählich fiel der Schwester ihr verändertes Wesen auf. Ida fing an, ihre Arbeit zu vernachlässigen. Das Land, die Tauben, die Kühe, die Schafe wurden ihr langweilig. Nur ihre weiße Henne hegte und pflegte sie. Kam sie aus der Stadt, brachte sie entweder ein kostbares Schmuckstück, einige Meter herrlichster Seide, einen schönen Schal oder sonst etwas Wertvolles mit. „Ida", konnte Grete manchmal sagen, „woher stammen all die Kostbarkeiten, und was willst du mit ihnen hier im Moor? Es ist kein Mensch da, der dich bewundern kann. Und mir bist du ohne Seide, ohne goldenen Schmuck genau so lieb." -

Ida versuchte ihre Schwester zu beruhigen: „Lass mich nur machen. Ich erkläre dir später einmal alles." Dabei lächelte sie geheimnisvoll. Dieses Lächeln machte Gretel nur noch besorgter. „Da stimmt doch etwas nicht", musste sie des Nachts, wenn sie sinnend wach lag, denken. Aber dem Geheimnis kam sie nicht auf die Spur, und Ida war ängstlich bemüht, sich mit keinem Wort zu verraten.

Auf Gretes Schultern ruhte immer mehr die ganze Last des Anwesens. Sie hätte so gern mit einem Menschen ihre Sorgen besprochen, aber es war niemand da. Die Tiere erschienen ihr in letzter Zeit bedeutend zutraulicher. Tapsi folgte ihr auf Schritt und Tritt, die Schafe drängten sich an sie heran, die Ziegen meckerten, und die Kühe muhten, sobald sie ihrer ansichtig wurden. Auch die Hühner kamen gelaufen. Und eine schwarze Henne mit einem blutroten Kamm wäre ihr am liebsten auf die Schulter geflogen. Nur die weiße Henne ihrer Schwester hielt sich scheu zurück.

Kannten die Tiere das Geheimnis ihrer Schwester und fanden nur keinen Weg, ihr dieses mitzuteilen?

Ida hatte bald nur noch Gedanken für ihr Gold, das sich täglich mehrte. Der Goldschmied hatte ihr verraten, dass der Zeitpunkt nahe sei, das Geld von der Bank abzuheben, um eine Fabrik oder etwas ähnlich Großes zu kaufen. ,,Ich werde meine Augen offenhalten", hatte er ihr beim letzten Besuch gesagt. „Ich gebe Ihnen sofort Nachricht, sobald ich etwas Passendes gefunden habe." Der Goldschmied sah in ihr bereits eine reiche, vornehme Dame und redete sie nur noch mit „Fräulein" und „Sie" an. So kam es, dass Ida fast den ganzen Tag in Gedanken versunken umherging und auf eine Nachricht wartete. Nur ihre weiße Henne nahm sie täglich auf den Schoß, sagte ihren Vers her und war erst beruhigt, nachdem sie das goldene Ei in ihrer Hand hielt.

Endlich kam ein Brief. Gretel brachte ihn heim. „Vom Goldschmied“, sagte sie und gab ihn ihrer Schwester.

Diese riss den Umschlag auf und las. Gretel sah, wie ihre Gesichtszüge sich veränderten. Als sie fertig war, stand sie auf, ging zu ihrer immer noch sprachlos dasitzenden Schwester und sagte: „Ich muss dich morgen verlassen. Ich ziehe in die Stadt. Mir ist hier alles zu klein und zu eng geworden. Haus und Hof magst du behalten. Ich nehme nur meine Kleider, meinen Schmuck und meine Lieblingshenne mit.

Als Gretel sie nun bat, sich doch weiter zu erklären, wehrte sie ab: „Später sollst du alles erfahren. Heute möchte ich dir nichts sagen. Ich weiß selbst noch nicht, wie alles ausgeht.“

Am nächsten Tag verließ Ida ihre Schwester, das Häuschen, den Garten, die Tiere. Sie hatte es so eilig, dass sie vergaß, richtig Abschied zu nehmen. Bedrückt und traurig blieb Gretel allein zurück. Tapsi kam, bellte, wedelte und gebärdete sich wie toll, als wollte er sie auf seine Art trösten.

Nach ihrer Ankunft in der Stadt suchte Ida sofort den Goldschmied auf. Sie hatte mit ihm eine lange Unterredung. Als sie beendet war, wusste sie, dass sie mit ihm in die Landeshauptstadt fahren würde. Dort war sie Besitzerin einer großen Fabrik geworden. Es war beschlossen, diese Fabrik gemeinschaftlich zu verwalten.

In der Hauptstadt kaufte Ida sofort ein schlossähnliches, in einem großen Park gelegenes Haus. Sie nahm sich einen Diener, eine Köchin und eine Kammerzofe. In einem besonderen, neben ihrem Schlafzimmer gelegenen Raum wurde die weiße Henne untergebracht. Sie ließ ihr einen wundervollen Käfig bauen, und die Henne bekam täglich den besten Weizen und den reifsten Mais. Die Dienerschaft wunderte sich anfangs über das seltsame Gehabe ihrer Herrin. Doch sie beruhigte sich bald. „Reiche Leute haben ihr Steckenpferd“, dachten sie, „die einen halten sich einen Affen, andere Krokodile oder seltene Fische. Warum soll unsere Frau sich nicht eine Henne halten?" Welche Bewandtnis es mit der Henne hatte, wussten sie natürlich nicht. Jeden Morgen nach dem Frühstück nahm Ida ihre Henne auf den Schoß und ließ sich ein goldenes Ei legen.

So wurde sie reicher und immer reicher. Sie kaufte Pferde und schöne Kutschwagen, und oftmals wusste sie nicht, ob sie nun reiten oder fahren sollte. Um ihre Fabrik kümmerte sie sich herzlich wenig. Das überließ sie dem Goldschmied.

Der war inzwischen auch ein vornehmer Herr geworden. Unter seiner geschickten Führung entwickelte sich die Fabrik schnell, so dass sie große Gewinne abwarf. Der ehemalige Goldschmied sorgte schon dafür, dass er selbst dabei nicht zu kurz kam.

Als es für Ida in der Hauptstadt nichts mehr zu sehen noch zu erleben gab, ging sie auf Reisen. Die weiße Henne führte sie natürlich mit sich. Sie besuchte Konstantinopel, fuhr zu den Pyramiden und schiffte sich sogar nach Indien ein. Hier traf sie ein schlimmer Schlag: die weiße Henne erkrankte und starb. Ida wurde recht traurig darüber und fürchtete, das gute Leben hätte nun ein Ende. Aber der Goldschmied beruhige sie. Er legte ihr die Geschäftsbücher vor, aus denen sie ersah, dass sie noch reicher war, als sie angenommen hatte, und weiterer goldener Eier nicht mehr bedurfte.

Ihrer Schwester Gretel gedachte sie nur selten. Als eines Tages ein Brief eintraf, in dem Gretel sie bat, sie einmal besuchen zu dürfen, schrieb sie zurück, sie möchte die Reise verschieben. Im Augenblick passe es ihr sehr schlecht. Sie möchte einmal wieder anfragen. Vielleicht käme sie dann gelegener.

Nachdem Gretel den Brief gelesen hatte, war sie sehr traurig. „Das hat meine Schwester doch nicht geschrieben", wiederholte sie immer wieder. In ihrer Not wandte sie sich an die Tiere. Die schauten sie aus großen Augen an, als verstünden sie ihr Leid. Stumm und still saß sie da und hielt die Hände gefaltet. Plötzlich kam die schwarze Henne geflattert und setzte sich auf ihren Schoß. Da erinnerte sie sich plötzlich der merkwürdigen Worte des alten Mannes. Zufriedenheit könne sie jetzt brauchen, dachte sie.

„Hühnchen, Hühnchen, komm herbei, leg mir schnell ein frisches Ei!“

sprach sie, und ehe sie sich dessen versah, lag ein schönes frisches Ei vor ihr. Liebkosend streichelte sie das Gefieder. Dann ging sie und kochte das Ei. Nachdem sie es gegessen hatte, fühlte sie sich frisch wie ein Fisch im Wasser.

„Nanu“, dachte sie, „das ist wirklich ein sonderbares Ei. Da will ich gleich morgen der kranken Frau Bürgermeisterin ein Ei bringen. Vielleicht hilft es ihr.“

„Ich habe hier ein schönes frisches Ei“, sagte sie am nächsten Tag zu der kranken Frau Bürgermeisterin, „das wird Ihnen gewiss guttun.“ Die Frau Bürgermeisterin ließ sich das Ei sogleich kochen und verzehrte es im Beisein der Schwester. Wer beschreibt das Wunder? Kaum hatte die Frau den letzten Bissen hinuntergeschluckt, da warf sie auch schon die Bettdecke beiseite und verlangte aufzustehen. Mit einem Schlag war sie gesund und munter. Da gab es ein großes Hallo. Jeder wollte die Frau Bürgermeisterin sehen, um von ihr zu hören, wie dergleichen möglich sei. Das Ereignis sprach sich in der Stadt schnell herum, und Gretel wurde gesuchter als der beste Doktor.

Die Henne legte fortan jeden Tag ihr Ei, und viele Menschen wurden durch sie ihrer Leiden und Gebrechen ledig.

Die Kunde von der wundersamen Heilkraft der Eier drang auch in die Hauptstadt des Landes. Schwester Ida war von einer ihrer Reisen schwer krank zurückgekommen. Als sie von den heilspendenden Eiern erfuhr, ließ sie Nachforschungen anstellen. Gar bald brachte sie in Erfahrung, dass es die Henne ihrer Schwester Gretel sei, die diese Eier lege. Sie ließ sofort ihre schnellsten Pferde anspannen und fuhr zu ihrer Schwester ins Moor. Ihr Hausarzt, der sie begleitete, schüttelte beständig sein Haupt und sagte ein um das andere

Mal: „Das geht nicht gut. Wir müssen langsamer fahren." Aber Ida achtete seiner Worte nicht.

Endlich hatten sie das Häuschen erreicht. Ida lag mehr tot als lebendig in den Kissen. Gretel kam gelaufen und wollte erst nicht glauben, dass das vornehme Gespann ihrer Schwester Ida gehöre. Als der Doktor jedoch den Wagenschlag öffnete und Gretel ihre Schwester elend und abgemagert in den Polstern gewahrte, empfand sie großes Mitleid. Sie ließ sie sofort ins Bett bringen. Dann erzählte ihr der Doktor, wie es um sie stehe. „Wenn wir Ihre Schwester retten wollen, dürfen wir keine Minute mehr verlieren."

Nun war guter Rat teuer. Die Henne hatte ihr Ei bereits gelegt, und dieses war schon verbraucht. Aber es galt das Leben ihrer Schwester. Gretel rief ihre Henne, sprach den Vers, und gleich darauf konnte sie ihrer Schwester das frische Ei geben. Und Ida wurde zur selben Stunde gesund. Als die Schwestern die Henne riefen, diese aber nicht kam, gingen sie in den Stall. Dort fanden sie die Henne. Sie lag mit gespreizten Beinen auf dem Boden und war tot. Bedrückt und schuldbeladen gingen die beiden Schwestern davon.

Der Doktor saß wartend in der Stube. Als die Schwestern das Zimmer betraten, wünschte er ihnen Glück; Gretel zu ihrer wundertätigen Henne und Frau Ida zu ihrer schnellen Genesung. „Die feuchte Moorluft", fuhr er dann fort, „wird Ihrer eben hergestellten Gesundheit schaden. Ich rate dringend, die Heimreise sofort anzutreten."

Aber Ida erklärte ihm, dass sie nicht daran dächte, ihre Schwester wieder zu verlassen. Für den Goldschmied gab sie ihm einen Brief mit, worin sie ihm mitteilte, dass sie nicht wieder zurückkehre. Die Fabrik könne er behalten. Ihr eigenes Geld solle er den Armen und Kranken zukommen lassen.

Der Goldschmied schlug die Worte seiner Gönnerin in den Wind. Er wollte reicher und immer reicher werden. Eine Zeitlang ging alles gut. Dann erlitt er einen Verlust nach dem andern. Später musste er die Fabrik verkaufen. Aber auch das rettete ihn nicht mehr. Einsam und verlassen ist er irgendwo gestorben und niemand weiß, wo er begraben liegt.

Die Schwestern aber lebten noch viele Jahre. Der Hof gedieh weiterhin prächtig, so dass die Schwestern keinen Mangel litten. Der Zeit ihrer Trennung gedachten sie kaum. Wenn sie abends in ihrem Stübchen zusammensaßen, kam es schon mal vor, dass sie sich des alten Mannes erinnerten. Gretel meinte dann: „Manchmal glaube ich, es ist der Moorgeist gewesen." Aber so oft sie auch Ausschau hielten, der Alte ließ sich nicht wieder blicken.

Der auf dem Hof ruhende Segen ist bis auf den heutigen Tag nicht gewichen.

Trampelfuß

Im Schwarzwald, da wo die Tannen am dichtesten standen, hauste zu einer Zeit, als es weder Mond noch Sterne gab, ein uralter Mann. „Trampelfuß", so sagten selbst die ältesten Leute, „war schon uralt, als wir noch jung waren. Und unsere Eltern, die nun schon lange tot sind, behaupteten dasselbe." Etwas Wahres muss schon daran gewesen sein, denn Trampelfuß war im Besitze vieler Geheimnisse. Er wusste Mittel gegen alle Krankheiten, konnte sämtliche Wunden heilen, ja, er verstand es sogar, reiche Menschen arm und arme reich zu machen. Mitgefühl besaß er jedoch nicht. Konnte er einen Menschen peinigen, dann sprang er vor lauter Freude von einem Fuß auf den andern. Dieser Angewohnheit verdankte er auch seinen Namen.

Es waren viele Gerüchte über Trampelfuß im Umlauf, und die Menschen hatten auch allen Grund, ihn zu fürchten. Sobald sie den Wald betraten, um Holz zu holen oder Pilze zu sammeln, schlugen sie drei Kreuze. Doch das half ihnen wenig. Trampelfuß folgte ihnen unbemerkt und stellte seine Opfer, wo und wie es ihm passte.

Nur einem Menschen, einem Knecht, gelang es, ihn zu übertölpeln! Der Knecht hatte im Walde eine Last Holz geschlagen. Im Begriff, dieses heimzufahren, hörte er plötzlich ein Eichhörnchen jämmerlich schreien. Er ging dem Geschrei nach und fand das Eichhörnchen auch bald mit seinem buschigen Schwanz derart unglücklich eingeklemmt, dass es weder vor noch rückwärts konnte. Nachdem er das arme Tier befreit hatte, forderte dieses ihn auf, ihm zu folgen. Es führte seinen Retter nach einem hohlen Baum. Dort hatte das Eichhörnchen ein von Moos und Blättern bedecktes und bis obenhin mit den kostbarsten Goldsachen angefülltes Versteck. Der Knecht machte große Augen, als er das viele Gold glitzern und funkeln sah. Das dankbare Eichhörnchen bot ihm den Schatz zur Belohnung an. Der Knecht war bescheiden und nahm nur einen Ring und einen goldenen Armreifen. Aber es ließ ihn erst gehen, nachdem er den ganzen Schatz in seinen Taschen untergebracht hatte.

Trampelfuß, der sich in der Nähe versteckt gehalten und dem Knecht ohnehin einen Schabernack hatte spielen wollen, wäre beim Anblick der vielen goldenen Reifen, Nadeln und Münzen beinahe vor Wut und Ärger geplatzt; er beschloss, den Knecht um seinen Besitz zu bringen. Er stellte sich ihm in den Weg. Der Knecht, dem manche Niederträchtigkeit von Trampelfuß zu Ohren gekommen war, befürchtete das Schlimmste. Doch Trampelfuß bot ihm seltsamerweise einen freundlichen „guten Tag“ und forderte ihn auf, ihm zu folgen. Der Knecht wagte aus Furcht um sein Leben nicht zu widersprechen. Der Alte führte ihn immer tiefer in den Wald. Bei einer riesigen Tanne machten die beiden halt. Am Fuße der Tanne erblickte der Knecht ein großes, durch eine aus Gräsern und Zweigen hergestellte Matte verhängtes Loch. Trampelfuß schlug die Matte zur Seite; sie betraten einen Gang, der immer tiefer in den Berg führte und zuletzt in einer großen Höhle endete. In dieser herrschte ein Glanz und eine Helligkeit, dass dem Knecht die Augen schmerzten. Die Wände, die Decke und der Boden, alles war aus reinstem Gold. Und überall lagen noch große Haufen davon aufgestapelt. Dem Knecht verschlug es schier die Sinne.

Trampelfuß stand neben ihm und verzog sein Gesicht zu einem hässlichen Grinsen. Als er glaubte, den Knecht gierig genug gemacht zu haben, sprach er ihn an mit einer Stimme, die sich ebenso schaurig anhörte, wie seine Erscheinung anzusehen war. „Ich will dich reich machen an Wald, an Vieh, an Feldern und Seen. Die Menschen fürchten mich.“ Er kicherte laut und trampelte mit den Füßen, dass die Höhle davon widerhallte. „Sie sollen mich auch fürchten. Alles Gold werde ich ihnen nehmen, denn alles Gold dieser Erde gehört mir. Und du wirst mir dabei helfen.“ Als der Knecht zu widersprechen versuchte, fuhr Trampelfuß ihn barsch an. „Vergiss nie, dass ich Gewalt über dich habe! — Hier hast du zwei Pulver, ein schwarzes und ein weißes. Das schwarze tötet die Menschen und macht dich zum Erben ihrer Habe. Das weiße ist von geringerem Wert; es hält Krankheit, Leid und Ungemach fern." Nach diesen Worten nahm Trampelfuß dem Knecht den Schatz ab, und ehe dieser sich's recht versah, fand er sich in der Nähe seines Gespannes wieder. Er stand eine Zeitlang benommen da, betastete seinen Kopf, seine Arme und Beine und glaubte, geträumt zu haben. Als er jedoch die beiden Pulver in seiner Tasche fühlte, wurde ihm klar, dem gefürchteten Trampelfuß tatsächlich begegnet zu sein. Dem Bauern, dem das lange Ausbleiben seines Knechtes auffiel, antwortete er auf seine Frage, dass ein Rad abgesprungen und ein Pferd beinahe dabei zu Schaden gekommen sei. Den wahren Sachverhalt verschwieg er.

Als der Knecht im Laufe der nächsten Wochen von Trampelfuß weder etwas sah noch hörte, fing er langsam an, die Begegnung zu vergessen. Die Pulver hielt er unter seinem Kopfkissen verborgen.

Eines Abends, der Knecht wollte gerade das Bett aufsuchen, vernahm er vom Fenster her ein leises Pochen. Trampelfuß begehrte Einlass. Der Knecht öffnete das Fenster. Mit einem Satz, den er dem Alten nicht zugetraut hatte, stand dieser im Zimmer. Ohne den Knecht zu begrüßen, polterte er los: „Morgen machst du dich auf zu dem Bauern jenseits der großen Wiese. Er hat in der Stadt seine Ernte gegen blankes Gold verkauft. Dem gibst du von dem schwarzen Pulver. Wenn ich übermorgen komme, um das Geld zu holen, hoffe ich dich auf dem Hof als neuen Besitzer zu sehen." Nach diesen Worten war Trampelfuß verschwunden, ohne dass es dem Knecht möglich gewesen wäre, einen Einwand zu machen oder eine Frage an ihn zu richten.

Der Knecht fühlte sich unglücklich. Er kannte den Bauern als einen guten, hilfsbereiten Menschen, und es wollte ihm nicht in den Sinn, ihn auf Befehl des habgierigen Trampelfuß aus der Welt zu schaffen. Und noch weniger lag ihm daran, den Hof auf eine derart schmähliche Weise an sich zu bringen. Während der Nacht lag er lange wach und sann auf einen Ausweg. Da ihm jedoch nichts einfiel, beschloss er, den Auftrag einfach zu vergessen und sich um nichts zu kümmern.

Der folgende Tag verlief ohne Zwischenfall. Aber an dem darauffolgenden Abend fand sich Trampelfuß wieder

ein. „Warte, Bursche“, brüllte er den Knecht an, „das will ich dir eintränken. Was fällt dir ein, meinen Befehl in den Wind zu schlagen! Gehorche! Sonst geht es dir ans Leben!“

Wieder verbrachte der Knecht eine schlaflose Nacht. In aller Frühe suchte er den Bauern auf und erzählte ihm alles. Der Bauer wollte ihn auslachen. Als der Knecht ihm jedoch das schwarze Pulver zeigte, musste er sich von der Wahrheit überzeugen. Sie überlegten lange. Endlich wusste der Bauer Rat. „Die Sache ist ganz einfach. Ich stelle mich heute noch krank und bleibe im Bett. Morgen werden wir dann weitersehen. Trampelfuß musst du täuschen; sage ihm, ich sei verreist, oder was dir sonst einfällt.“

Zur festgesetzten Zeit fand Trampelfuß sich wieder ein. Er tobte: „Auf dem neuen Hof habe ich dich gesucht, und nun finde ich dich noch hier. Was soll das? Und wo ist das Gold?“ Der Knecht konnte vor Angst und Verlegenheit kaum sprechen; außerdem fiel ihm das Lügen schwer, selbst in diesem Fall.

Trampelfuß trat dicht an den Knecht heran, fuchtelte ihm mit seinen mageren Fingern vor dem Gesicht umher und sagte: „Mach keine Ausflüchte. Ich gebe dir noch vierundzwanzig Stunden. Dann will ich das Gold haben.“ Mit einem Schwung war er draußen und in der Dunkelheit verschwunden.

Wie abgemacht, legte sich der Bauer sofort hin und ließ die Kunde verbreiten, er sei plötzlich schwer erkrankt und müsse wahrscheinlich sterben. Auch den Schreiner ließ er kommen und bestellte bei ihm den Sarg. Später schlich der Knecht in den Stall, schlachtete einen Ziegenbock und versteckte den toten Bock unter dem Bett des Bauern. Dann schaffte er noch einige Steine herbei, packte einen Sack mit Lebensmitteln und richtete alles für die Flucht des Bauern her.

Als der Knecht am nächsten Morgen den Schreiner mit dem Sarg kommen sah, gab er dem Bauern einen Wink. Dieser schloss die Augen und tat den letzten Atemzug. Der Knecht ließ die Kunde verbreiten, dass der Bauer verschieden sei. Der Knecht wusch ihn, zog ihm auch das Totenhemd an und legte ihn in den Sarg. So kam keiner dahinter, dass der Bauer sich nur totstellte. Dann wurde der Sarg geschlossen, und der Knecht übernahm die erste Totenwache. Sobald im Hause alles ruhig und still geworden war, stand der Bauer wieder auf. Gemeinsam legten sie den toten Ziegenbock in den Sarg, packten ein paar Steine dazu und schlossen ihn. Der Bauer nahm den Sack mit Lebensmitteln auf den Rücken und verließ in aller Heimlichkeit die Sterbekammer.

Später wurde der Knecht von seiner Totenwache abgelöst. Er konnte keinen Schlaf finden und setzte sich draußen auf eine Bank. Es dauerte gar nicht lange, da stand Trampelfuß wieder vor ihm und forderte sein Gold. Der Knecht vertröstete ihn. Es sei ihm noch nicht möglich gewesen, danach zu suchen. Morgen würde er das Versäumte jedoch nachholen. Trampelfuß gab sich zufrieden, ermahnte den Knecht jedoch nochmals, das Gold nicht zu vergessen, und verschwand.

Der Knecht verlor allen Mut. Morgen würde sich Trampelfuß nicht wieder eine Nase drehen lassen. „Wenn das Eichhörnchen doch nur seinen Schatz behalten hätte“, dachte er in seiner Not, „wieviel glücklicher wäre ich jetzt.“ Das Leben war ihm verleidet. „Du“, piepste eine Stimme neben ihm, „nimm diesen Beutel und gib ihn dem nimmersatten Trampelfuß. Er wird dich dann in Ruh lassen.“ Dabei fiel ihm ein Lederbeutel vor die Füße. Das Eichhörnchen hatte ihn gebracht und war so schnell wieder verschwunden, dass der Knecht keine Zeit fand, sich recht zu bedanken. Der Knecht fasste wieder Mut.

Am nächsten Tag wurde der „tote Bauer“ zu Grabe getragen. Viele Menschen gaben ihm das letzte Geleit. Der Pastor hielt eine schöne Rede, lobte das gute Herz und die mildtätige Hand des Verstorbenen und schloss mit den Worten, dass das Himmelreich ihm offenstehe.

Der Bauer hielt sich im Walde in einer aus Zweigen und Laub gebauten Hütte verborgen. Der Knecht versorgte ihn regelmäßig. Im Laufe der Zeit wurde jedoch dem sonst rastlos tätigen Bauern das faule Leben zuwider. „Ich komme mir vor wie ein verwunschener Prinz, der auf Erlösung wartet“, klagte er manchmal. „Du und ein Prinz?“ antwortete der Knecht. Dann mussten beide lachen. Ein andermal meinte der Bauer: „Wenn ich wenigstens auf die Jagd gehen oder im Wald umherstreifen könnte, dann würde ich mit diesem Einsiedlerleben schon fertig werden.“ Der Knecht erzählte ihm dann von der Arbeit auf dem Hof und ermahnte ihn, sich weiterhin still und ruhig zu verhalten. „Wenn Trampelfuß erfährt, dass du noch lebst, ist’s um uns geschehen.“ Das sah der Bauer dann auch ein und versprach, das Versteck nicht zu verlassen.

Der Knecht hatte so seine Sorgen. Und als eines Tages Trampelfuß wieder an das Kammerfenster klopfte und ihn zu einer neuen Schandtat aufforderte, wollte er gänzlich verzweifeln. „Ich erzähle ihm jetzt alles“, dachte der Knecht in seiner Not, „ganz gleich, was mir auch geschehen mag.“ Aber wieder half ihm das Eichhörnchen. Und so oft Trampelfuß auch erschien und ihm befahl, das schwarze Pulver zu gebrauchen, immer war das Eichhörnchen zur Stelle und brachte ihm das nötige Gold; denn nur darauf kam es Trampelfuß an.

Das ging eine ganze Weile gut. Aber eines Nachts tauchte Trampelfuß auf. Er schlug gegen die Scheibe, dass das Glas splitterte. Seine Augen waren blutunterlaufen, und Schaum stand ihm vor dem Munde. „Du elender Wicht, du Betrüger“ brüllte er und trieb den Knecht vor sich her zur Höhle. „Alle Mühen und Sorgen sind nun doch vergeblich gewesen", dachte der Knecht, „nun hat er den Bauern im Walde entdeckt."

In der Höhle schaute er sich aber nach diesem vergeblich um. Statt seiner entdeckte er unter der Decke in einem Käfig das Eichhörnchen. Bei aller eigenen Erregung dauerte ihn das arme Tier. Als er es befreien wollte, riss Trampelfuß ihn zurück. „Hände weg!" brüllte er den Knecht an und schrie, dass die Höhle dröhnte. Allmählich erfuhr der Knecht, was geschehen war. Trampelfuß hatte das Eichhörnchen erwischt, als es gerade dabei war, einen Beutel mit Gold zu füllen. „Ihr seid mir ein sauberes Paar. Das Eichhörnchen stiehlt mir mein Gold und du .. ." Seine Stimme überschlug sich. Vor lauter Wut konnte er kaum noch atmen. Er riss den Käfig herunter und wollte das Eichhörnchen packen, um es zu töten. Dieses biss ihn in den Finger und war mit einem Satz auf einem Goldhaufen. Trampelfuß stürzte hinterher und schrie: „Ich kriege dich doch, du Dieb!" Aber das Eichhörnchen entschlüpfte ihm immer wieder. Nachdem Trampelfuß es eine Weile vergeblich herumgejagt hatte, meinte das Eichhörnchen: „Wollen wir uns nicht verständigen? Du schenkst dem Knecht und mir das Leben. Ich verhelfe dir dafür zu einem großen Schatz." Sobald Trampelfuß das Wort „Schatz" hörte, erklärte er sich sogleich einverstanden, und die drei machten sich auf den Weg. Als Trampelfuß den Schatz erblickte, traten ihm die Augen aus den Höhlen. Mit beiden Händen griff er gierig zu. Aber der Schatz war so groß und so schwer, dass der Knecht mittragen musste.

Der Bauer hatte in seinem Versteck das Brüllen des Trampelfuß von vorhin gehört und glaubte, dass seinem Freunde, dem Knecht, Gewalt geschehe. Er eilte ihm zur Hilfe. Auf der Suche nach ihm entdeckte er bald die Höhle. Da er diese jedoch leer fand, beschloss er zu warten.

Der Knecht sah den Bauern zuerst. Er wollte ihn warnen. Aber da hatte Trampelfuß ihn auch schon bemerkt. Wie versteinert blieb er stehen. Der Schatz fiel zu Boden. Eine unheimliche Wut bemächtigte sich seiner. Er ging auf den

Bauern zu und wollte ihn anbrüllen. Als er jedoch den Mund aufmachte, gab es einen fürchterlichen Knall: Trampelfuß war vor Wut geplatzt! Auch die Höhle war zertrümmert worden und alles Gold verschwunden. Der Knecht erholte sich bald. Dem Bauern und dem Eichhörnchen gab er schnell von dem weißen Pulver, das er bei sich trug. Da wurden sie auch wieder gesund. Über ihnen wölbte sich der Himmel. Als sie hinsahen, gewahrten sie viele glühende Punkte und eine große leuchtende Scheibe. Der Kopf von Trampelfuß war zum Mond geworden und der in alle Winde verstreute Schatz zu funkelnden Sternen. Auf dem Heimweg fanden sie überall kleine leuchtende Punkte. Das war der Goldstaub, der sich in Glühwürmchen verwandelt hatte.

Auf dem Hof war die Freude groß. Der Knecht wurde ein geachteter Mann, der mit dem weißen Pulver noch viel Segen stiftete. Das schwarze Pulver versenkte er in den See, wo dieser am tiefsten war. Als der Bauer starb, vermachte er dem Knecht den Hof. Vielleicht lebt der noch heute darauf.

Die Wunderstiefel

Es lebte einmal ein Mann namens Melle. Sein Beruf bestand darin, dass er im Lande umherzog und den Leuten half, wo es etwas zu helfen gab. Er war geschickt, und, obwohl er kein Handwerk gelernt hatte, wusste er sich überall nützlich zu machen. Er konnte mit Pferden umgehen, konnte melken, pflügen und eggen; mussten Schuhe besohlt oder eine Bank oder ein Tisch gezimmert werden, Melle kam auch damit zurecht, und für einen Kranken, Mensch oder Tier, wusste er stets ein Hausmittel. So war Melle. Überall sah man ihn lieber kommen als gehen. Das will schon etwas sagen, denn in der Regel ist es umgekehrt. An Sonntagen spielte er übrigens der Jugend zum Tanz auf. Geige, Ziehharmonika oder Klavier, das war ihm gleich. Melle wurde mit allem fertig.

Außer diesen vielen guten Eigenschaften hatte er noch eine, die besonders geschätzt wurde. Er war bescheiden, so bescheiden, dass er für eine geleistete Arbeit selten mehr verlangte als Essen und Trinken und ein Nachtlager. Aber einen Fehler hatte Melle trotz all dieser Tugenden; er konnte es nirgend lange aushalten. Sein unruhiges Blut brachte ihn immer wieder auf die Landstraße.

Seit einigen Tagen war er nun wieder unterwegs. Um ein wenig auszuruhen, verließ er die Landstraße, schlug sich durch dichtes Unterholz und betrat eine Lichtung, die wie eine kleine Insel still und verträumt dalag. Dort traf er einen alten Mann, der gerade dabei war, sich auf offenem Feuer ein Süppchen zu kochen. Als Melle seiner ansichtig wurde, wollte er wieder gehen. Aber der alte Mann sprach ihn an und forderte ihn auf, doch zu bleiben. „Meine Suppe reicht auch für zwei“, äußerte er. — „Gut“, antwortete Melle, „wenn du’s wünschst, dann bleibe ich. Aber du musst mir schon erlauben, dass ich dir etwas zur Hand gehe. Wenn ich dir beim Kochen nicht helfen kann, dann gib mir deinen Rock, deine Hose oder deinen Ränzel, damit ich sie nachsehe und richte." ,,Du bist mir ein sonderbarer Kauz" gab der alte Mann zurück. „Menschen deiner Art sind mir nur selten begegnet. Aber erst lasst uns essen, nachher können wir weitersehen." Er nahm den Topf vom Feuer, stellte ihn zwischen Melle und sich und forderte diesen auf, ordentlich zuzulangen. Während sie ihr Mahl verzehrten, meinte Melle:

„Aus welchem Erdenwinkel kommst du eigentlich? Wenn du auch soviel unterwegs bist wie ich, dann müssten wir eigentlich einander schon einmal begegnet sein. Aber ich erinnere mich nicht, dich schon gesehen zu haben.". „Das kann schon angehen", gab der alte Mann zurück und reinigte dabei seinen Esslöffel an einem Grasbüschel; „aber dich glaube ich trotzdem zu kennen. Und wenn du der Melle bist, dann habe ich genau den gefunden, den ich suche " „Gesucht haben willst du mich? fragte Melle erstaunt, „das kann doch wohl nicht sein." Der alte Mann ging hierauf nicht ein, sondern meinte: „Ich habe eine Arbeit für dich und würde mich freuen, wenn du mit mir kämst. Der Weg ist nicht mehr weit." „Wenn du mich so bittest, dann kann ich wohl schlecht nein sagen," entgegnete Melle. — „So habe ich es mir auch gedacht." Mehr sagte der Alte nicht. Er zog seine Pfeife hervor, stopfte sie und setzte sie in Brand. Stillschweigend reichte er Melle seinen Tabaksbeutel. Melle nahm ihn, stopfte sich auch eine Pfeife. Beide pafften dann still vor sich hin. Nach einer Pause meinte Melle: „Das muss ich schon sagen, du rauchst kein schlechtes Kraut. Ich erinnere mich nicht, jemals so guten Tabak in der Pfeife gehabt zu haben." Statt einer Antwort lächelte der alte Mann still vor sich hin. Als sie ihre Pfeifen ausgeraucht hatten, traf er Anstalten, den Platz zu verlassen. Auch Melle schnürte sein Ränzel, und bald sah man beide auf der Landstraße barfuß schreiten. Später bogen sie rechts ab und hielten auf den großen Wald zu. „Nanu" dachte Melle, „was soll denn das geben? In dieser Richtung liegt weit und breit kein menschliches Anwesen." Der Alte schien etwas von Melles Bedenken erraten zu haben. Er sagte: „Du fürchtest dich doch nicht?".

Warum sollte ich mich fürchten? Ich habe nichts auf dem Gewissen, und du machst mir nicht den Eindruck, als wenn du einen Menschen umbringen könntest." Der Alte lachte nur kurz und schwieg dann beharrlich weiter. Der Wald wurde immer dichter, und der Weg führte bergan.

Nachdem sie zwei, vielleicht auch drei Stunden gewandert waren, blieb der Alte plötzlich stehen. „So," meinte er, „wir wären angelangt." Melle sah ihn ungläubig an, als wenn er sagen wollte: „Deine Behausung scheint mir aber reichlich luftig zu sein." „Ich kann mir denken, dass du erstaunt bist," hub der Alte an, „aber das legt sich, sobald du dich eingelebt hast. Ich habe viel Arbeit; wenn wir uns jedoch heranhalten, sind wir in vier Wochen damit fertig." Der Alte klatschte dann dreimal in die Hände, und siehe, da bogen sich die Zweige auseinander, und vor ihnen lag ein erleuchteter Gang, der in das Innere des Berges führte. Der Alte ging voran. Melle folgte neugierig. Bald standen sie in einer Höhle. Aber Melle hatte gar nicht den Eindruck, sich in einer solchen zu befinden. Der Raum glich mehr einem Museum. An den Wänden standen Regale, und auf den Borten stand ein Paar Schuhe neben dem andern. Und was für Schuhe! Schuhe mit aufgebogenen Spitzen, die wie Schnäbel aussahen, Stiefel, wie sie die Landsknechte früher trugen, dann solche aus feinstem Juchtenleder, wie sie nur in Russland hergestellt werden, dann gab es Schuhe aus China, die so klein und zierlich waren, dass man glauben konnte, sie wären für Kinder bestimmt und nicht für Erwachsene, ja, und Puppenschuhe gab es auch.

Melle kam aus dem Staunen nicht heraus. So viele und so sonderbare Schuhe hatte er in seinem ganzen Leben noch nicht gesehen. Nachdem er eine Weile staunend dagestanden hatte, begann der Alte: „Du kennst doch die Geschichte von der Arche Noahs, dort befand sich von jeder Tierart ein Paar. Bei mir verhält es sich ähnlich, nur dass ich von allen Schuh- und Stiefelarten, die je auf dieser Erde getragen worden sind, ein Paar hier habe. Die muss ich in Ordnung halten, und da ich von deiner Geschicklichkeit gehört habe, nehme ich an, dass du mir bei dieser Arbeit helfen wirst. Dein Schade soll es nicht sein." „Ich habe nichts dagegen," gab Melle zur Antwort, „und eine gute Arbeit werde ich dir auch liefern." „Das weiß ich," gab der Alte zurück. Er wies Melle dann seinen Arbeitsplatz und sein Nachtlager an. „Für heute mach's dir nur bequem! Morgen früh fangen wir dann mit der Arbeit an." Damit überließ er Melle sich selbst. Dieser setzte sich erst einmal. Es war ihm etwas wirr im Kopf geworden. Trotzdem war er guter Dinge. Als es an der Zeit war, schlafen zu gehen, legte er sich hin und schlief bis in den frühen Morgen; bis der Alte ihn weckte. Das Frühstück stand schon bereit. Nachdem sie sich gestärkt hatten, gingen sie an die Arbeit. Melle fand neben seinem Schusterschemel einen großen Posten schadhaften Schuhwerks. „Nun sage mir bitte um alles in der Welt, was machst du mit dem vielen Schuhzeug?" „Diese Frage habe ich gestern Abend schon erwartet," antwortete der Alte. „Eine Antwort, mit der du zufrieden wärst, und die du verstehen würdest, darf und kann ich dir nicht geben. Du scheinst mir aber nicht auf den Kopf gefallen zu sein, und ich möchte daher annehmen, dass du eines Tages schon selbst dahinterkommen wirst, was für eine Bewandtnis es mit den Schuhen hat." Melle gab sich mit dieser Antwort zufrieden. Er schnitt und hämmerte, er nähte und pichte, er arbeitete vom frühen Morgen bis zum späten Abend. Nur die Mahlzeiten, die gut und reichlich waren, und die er mit dem Alten zusammen einnahm, unterbrachen die Arbeit.

Als vier Wochen um waren, gab es keinen beschädigten Schuh mehr. Melle meinte nun, da die Arbeit geschafft sei, könne er doch wieder gehen. Der Alte war einverstanden. „Und für die Reise such dir ein Paar Schuhe oder Stiefel aus. Du kannst nehmen, welche du willst." Melle war zufrieden, zumal seine eignen Schuhe nicht mehr viel taugten. Er wählte ein Paar Wanderstiefel aus festem Leder mit dicker Sohle. „Da hast du keinen schlechten Griff getan," meinte der Alte, „doch achte darauf, dass sie dir nicht abhandenkommen. Es wäre schade um die Stiefel und auch für dich. Du musst wissen, es sind gute Stiefel.“ Melle schnürte sein Ränzel, zog die Stiefel an, bedankte sich nochmals und machte sich dann auf den Weg. Nach seinem langen Aufenthalt in der Höhle tat ihm die Bewegung in der frischen Luft gut. Er schritt ordentlich aus, und bald lag die Höhle mit dem alten Mann und den vielen Schuhen hinter ihm. Er summte ein Lied, freute sich über jeden Baum, jede Blume und war lustig und guter Dinge. Gegen Mittag verspürte er Hunger. „Du musst sehen, dass du etwas zu essen findest,“ dachte er bei sich und stellte sich vor, wie gut ihm jetzt Kartoffelpuffer mit Preiselbeeren schmecken würden. Bald sah er ein Gehöft liegen und hielt darauf zu. Er traf die Bäuerin auf der Diele. Melle bat um etwas Essen. „Wenn Ihr nicht mehr auf dem Herzen habt,“ gab die Bäuerin zur Antwort, „da kann ich Euch schon helfen, vorausgesetzt, dass Euch Kartoffelpuffer und Preiselbeeren munden. Etwas anderes habe ich leider nicht. Melle glaubte nicht richtig gehört zu haben. Er lachte. „Aber Frau, Kartoffelpuffer esse ich für mein Leben gern. Vor zehn Minuten lief mir noch in Gedanken daran das Wasser im Munde zusammen. Und jetzt fragt Ihr, ob ich sie mag.“

Nach dem Essen blieb Melle auf dem Hof und machte sich nützlich. Später kroch er auf dem Boden ins Heu. In aller Frühe setzte er seine Wanderung fort. Und nun erlebte er eine Überraschung nach der anderen. Sobald er sich etwas wünschte, sei es ein gutes Nachtlager, ein bestimmtes Mittagessen, eine Fahrgelegenheit oder auch nur einen fröhlichen Wandergesellen, es dauerte niemals lange, und das Gewünschte stellte sich ein. Es war ein ewiges Tischlein-deck-dich. Später kam ihm der Gedanke, dass dieses mit den Stiefeln Zusammenhängen könne. Um die Sache zu ergründen, versteckte er sie und machte sich so, angetan mit einem Paar Holzschuhen, die ihm die Bäuerin geschenkt hatte, auf den Weg. Siehe da, kein Wunsch ging mehr in Erfüllung. Da wusste er Bescheid. Schleunigst machte er kehrt; aber die Stiefel waren weg, und soviel er auch suchte, — sie waren und blieben verschwunden. Das war ihm sehr verdrießlich, zumal er das Gehen in Holzschuhen nicht gewohnt war.

Zwei Vagabunden, die ihn beobachtet hatten, waren die Diebe. Ihnen kam ein solch gutes Paar Stiefel gerade recht. Aber sie konnten sich nicht einigen, jeder wollte es haben. Zuletzt kamen sie überein, die Stiefel abwechselnd zu tragen. ,,Du," meinte der eine, ,,in dem Dorf, in dem wir gestern übernachteten, müssten wir eigentlich den Schlachtermeister, der uns nicht einmal ein Stückchen Wurst geben wollte, heute Nacht heimsuchen. Einige Goldstücke werden wir bei ihm schon finden." Sein Geselle war mit dem Vorschlag einverstanden. Sie machten kehrt und versteckten sich im Wagenschuppen des Schlachters. Sobald es dunkel geworden war, erbrachen sie ein Kellerfenster. Von dort gelangten sie in den Laden. In der Kasse fanden sie zehn Goldstücke. Als sie sich mit ihrem Raub aus dem Staube machen wollten, fiel dem, der die gestohlenen Stiefel trug, ein, dass sie von den herumhängenden Würsten doch auch einige mitnehmen könnten. Er holte eine Leiter. Aber die Leiter rutschte aus, und er stürzte mit einem ziemlichen Gepolter.

Von dem Krach wurde der Schlachtermeister wach. Er sprang aus dem Bett, rannte und konnte den, der mit der Leiter zu Fall gekommen war, gerade noch erwischen. Während sie miteinander rangen, merkte der Landstreicher, dass ihm der Schlachtermeister an Kräften überlegen war. „Ich muss ihn totschlagen," dachte er, „sonst komme ich nicht wieder frei." Er ergriff das in der Nähe liegende große Beil und schlug zu. Von dem Lärm waren aber auch die Gesellen wach geworden. Sie kamen gelaufen. Als sie ihren Meister in seinem Blut liegen sahen, ergriffen sie den Dieb. „Nun ist alles verloren," dachte dieser. Das war es auch, und nun, da er es obendrein dachte, was ja einem Wunsche nahekam, erst recht. In aller Frühe wurde er vor den Richter geführt. Dieser machte kurzen Prozess mit ihm. Er ließ ihn hängen. Sein Spießgeselle, der sich rechtzeitig aus dem Staube gemacht hatte, kam mit dem Leben davon.

Der Galgen stand am Ausgang des Dorfes, weithin sichtbar, auf einem Hügel. Wenige Tage später zog ein Trödler des Wegs. Als dieser den Vagabunden hängen sah, dachte er: „Du könntest dir den Toten einmal anschauen." Viel gab es an dem nicht zu sehen. Der Trödler wollte schon weitergehen, da fielen seine Blicke auf die Stiefel des Gehängten. „Die Stiefel sind noch gar nicht so schlecht," dachte der Trödler, „es wäre schade, wenn sie hier verkämen. "Er vergewisserte sich, dass ihm auch keiner zusehe, und zog dem Landstreicher die Stiefel von den Füßen. „Ein paar Schillinge werden sie schon einbringen." Mit diesen Worten verstaute er sie in seinem Ränzel. Daheim stellte er sie in seinen Laden. Dort mochten sie bleiben, bis jemand käme und sie erwürbe.

Seither waren zwei Jahre vergangen. Der Trödler hatte die Schuhe lange vergessen. Sie standen da, wie so manches in einem Trödlerladen umhersteht. Der Winter war wieder einmal ins Land gekommen mit Schnee und Matsch. Auf den Wegen standen Pfützen, die sich während der Nacht mit einer dünnen Eisschicht überzogen. Tagsüber lagen sie blank und nass da. Wer nicht unbedingt auf die Straße musste, blieb daheim. Der Trödler wäre auch gern hinter seinem warmen Ofen geblieben, aber sein Geschäft verlangte es anders. Auf der Suche nach festem und derbem Fußzeug entdeckte er die Stiefel des Gehängten. Diese schienen ihm gerade recht. Er zog sie an und machte sich auf den Weg. Seine Geschäfte gingen überaus gut vonstatten. Er erreichte alles, was er wollte.

Nach kurzer Zeit schon konnte er sich wieder auf den Heimweg begeben. Während er seiner Wege zog, sah er eine feine Kutsche ihm entgegenkommen. „Der Mann hat es besser, dachte er; „was würde er wohl sagen, wenn er jetzt statt meiner durch den Schnee waten müsste." Dabei fielen ihm die Stiefel ein, die trotz der großen Feuchtigkeit auch nicht einen Tropfen Wasser durchgelassen hatten. „Was würdest du tun, wenn der Edelmann, denn gewiss sitzt ein solcher in der vornehmen Kutsche, jetzt halten ließe und dich bäte, ihm die Stiefel für 20 Goldstücke zu überlassen," huschte es ihm plötzlich durch den Kopf. Er musste über sich selbst lachen. Ein derartig törichter Gedanke war ihm in seinem ganzen Leben noch nicht gekommen. Inzwischen hatte sich die Kutsche genähert, und es saß auch wirklich ein Edelmann darin. Als dieser den Trödler erblickte, ließ er anhalten. „Du," sprach er diesen an, „weißt du nicht jemand, der mir ein Paar feste Stiefel verkaufen kann? In meinen dünnen Schuhen werde ich, wenn ich hernach aussteigen muss, nasse Füße bekommen und mich wahrscheinlich auf den Tod erkälten." „Ich besitze ein Paar," gab der Trödler zur Antwort, „die halten alle Feuchtigkeit ab. Aber ich gebrauche sie im Augenblick selbst, daher sind sie mir nicht feil." „Ich gebe dir 20 Goldstücke, wenn du mir die Stiefel auf der Stelle verkaufst," schlug ihm der Edelmann vor, „und ein Paar von meinen Schuhen gebe ich noch obendrein, damit du etwas an den Füßen hast." Mit diesem Vorschlag war der Trödler einverstanden. Sie machten ihren Handel, und beide waren zufrieden, der Edelmann mit den Stiefeln und der Trödler mit den 20 Goldstücken.

„Du hättest die Stiefel eigentlich anprobieren müssen," dachte der Edelmann, „tu's wenigstens jetzt noch." Der Edelmann befand sich nämlich auf einer für ihn wichtigen und entscheidenden Reise. Er war verliebt in die Tochter eines anderen, aber bedeutend reicheren Edelmannes. Dieser hatte seine Zustimmung zur Heirat schon gegeben, nur das Fräulein selbst wand und zierte sich noch. Ihr Herz gehörte bereits einem einfachen Manne ihres Dorfes. Aber wie sie ihren Vater kannte, würde dieser die Heirat niemals gutheißen. Sie erwartete daher täglich ein Wunder und hatte aus diesem Grunde bisher alle Werbungen ausgeschlagen.

Der Edelmann zog also die Stiefel an, sie passten so vorzüglich, dass er sie gleich anbehielt. Er machte die Beine lang und fühlte sich ordentlich wohl. Plötzlich verfiel er auf den Gedanken, dass es ganz in der Ordnung sei, wenn das Edelfräulein, das die Veranlassung zu seiner weiten Reise war, ihm jetzt entgegenkäme. Er malte sich aus, wie er sie dann in seine Kutsche bitten würde, und legte sich tausend schöne Worte zurecht, die ihr Herz gewinnen sollten.

Der Kutscher unterbrach ihn in seinen Träumen. „Herr Graf, wenn mich nicht alles täuscht, kommt uns ein herrschaftlicher Wagen entgegen." Der Edelman richtete sich auf. Tatsächlich, der Kutscher hatte recht. Der Wagen war schnell heran. Eine liebliche Gestalt beugte sich aus dem Fenster und winkte ihm zu. Sein Wunsch war in Erfüllung gegangen. Er öffnete den Schlag und half seiner Angebeteten in seinen Wagen. Vor lauter Freude konnte er kaum ein Wort hervorbringen. Sie erzählte, wie sie plötzlich von einer Sehnsucht erfasste worden sei. Der Kutscher hätte sofort anspannen müssen. Sie habe noch gerade Zeit gefunden, ihren Vater zu verständigen, da sei sie ihm schon entgegengefahren. Dem Edelmann erschien das Ganze wie ein Traum. Er konnte es einfach nicht fassen, dass das bisher so spröde und zurückhaltende Edelfräulein jetzt neben ihm saß, ja, dass sie ihm sogar entgegengefahren war. „Gern würde ich dich jetzt in den Arm nehmen und dich küssen," dachte er im Stillen. Aber da erfasste das Fräulein schon seine Hand und bot ihm ihren Mund zum Kuss dar, gerade als gebe es nichts Selbstverständlicheres. Während er sie herzte, entdeckte sie an seinen Füßen die sonderbaren Stiefel und erkundigte sich, was denn die zu bedeuten hätten. Er erzählte ihr alles; seine Begegnung mit dem Trödler, seine Bedenken hinsichtlich des schlechten Weges und verschwieg auch nicht die 20 Goldstücke. „Aber," so fuhr er fort, „wenn Euch die Stiefel stören, so wechsle ich sie gern. In meinem Mantelsack habe ich noch ein gutes Paar. Seid so gut und dreht Euch ein wenig zur Seite; ich bin sofort fertig."

Kaum hatte er die Stiefel des Trödlers gegen seine eignen vertauscht, da ging mit dem Fräulein eine Veränderung vor.

Sie rückte von ihm weg, wollte von einer erneuten Umarmung nichts mehr wissen, ja, sie schien sich nicht einmal mehr recht zu erinnern, wie sie zu ihm in die Kutsche gekommen war. Als sie anlangten, riss sie den Schlag auf, sprang aus dem Wagen und lief, ohne sich um jemand zu kümmern, sofort auf ihr Zimmer. Für die nächsten Tage ließ sie sich nicht mehr blicken. Ihr Vater, dem das sonderbare Benehmen seiner Tochter auffiel, erkundigte sich bei seinem Gast. Dieser erzählte den ganzen Hergang. „Das ist eine kuriose Geschichte," meinte der Vater, „aber die Stiefel möchte ich gern sehen. Lasst sie einmal holen." Die Stiefel wurden geholt. „Wisst Ihr was," meinte er dann, „ich möchte sie einmal anziehen." Das erlaubte ihm sein Gast gern. Die Stiefel passten vorzüglich. Er ging im Zimmer auf und ab und wunderte sich, wie es möglich war, dass derart grob aussehende Stiefel so gut und bequem saßen. Er meinte: „Meine Tochter müsste mich jetzt sehen, sie würde ihren närrischen Vater bestimmt auslachen."

Kaum hatte er die Worte ausgesprochen, da ging die Tür auf und seine Tochter trat ein. „Hast du mich gerufen, Vater? Mir war so." „Das nicht," antwortete dieser, aber wir haben von dir gesprochen. Du könntest uns gut etwas Gesellschaft leisten. Wir haben deinen Anblick lange entbehrt." Gehorsam nahm sie Platz, jedoch ohne den Gast auch nur eines Blickes zu würdigen. Das betrübte den Vater. Aber er kannte seine Tochter und wusste auch, dass er durch Zwang nichts erreichen würde. Während sie so dasaßen und nicht wussten, was sie einander sagen sollten, entdeckte das Fräulein die Stiefel an den Füßen ihres Vaters. Sie zog die Stirn kraus und meinte: „Warum trägst du die garstigen Stiefel, Vater? Zieh sie bitte aus; ich kann sie nicht sehen." Der Vater kam ihrem Wunsche nach, rief einen Diener und befahl diesem, die Stiefel wieder auf das Zimmer seines Gastes zu tragen. Aber sobald die Stiefel verschwunden waren, verschwand auch das Fräulein, und ihr Vater konnte anstellen, was er wollte, sie ließ sich vor seinem Gast nicht mehr blicken.

Dieser ließ nach ein paar Tagen anspannen und fuhr wieder heimwärts.

Während der Fahrt entdeckte er unter seinem Gepäck die Stiefel. Voller Wut warf er sie aus dem Fenster, glaubte er doch, sie allein seien an seinem Unglück schuld.

Zu eben dieser Zeit war Melle auch unterwegs. Er wanderte dieselbe Straße. Als er die Stiefel im Graben liegen sah, dachte er: „Um die wäre es schade," und hob sie auf. Sie kamen ihm durchaus noch brauchbar vor, vor allen Dingen aber schienen sie wasserdicht zu sein, etwas, was er von denen, die er trug, nicht behaupten konnte. Am nächsten Meilenstein wechselte er sein Fußzeug und setzte dann seine Wanderung fort. Seine neuen derben Stiefel erinnerten ihn an die des alten Mannes. „Es war doch eine feine Sache damals, besonders wenn ich an die Kartoffelpuffer denke," sprach er vor sich hin, „heute hätte ich wieder einmal Appetit darauf, es müsste aber schon ein ordentlicher Teller voll sein." Und wieder ärgerte er sich, die Stiefel damals auf eine so törichte Art verloren zu haben. Plötzlich stand er vor einem Bauernhaus, und was ihn noch mehr in Erstaunen setzte, war die Tatsache, dass die Bäuerin ihn allem Anschein nach erwartete. Sie sagte: „Ich beobachte Euch schon eine ganze Weile; großen Hunger scheint Ihr nicht zu haben, sonst -- -- --." Melle unterbrach sie: „Woher wollt Ihr wissen, dass ich keinen Hunger habe? Ich war nur in Gedanken. Vor einigen Jahren kam ich einmal auf eine sonderbare Weise zu einer herrlichen Mahlzeit Kartoffelpuffer, und an eben diese Puffer habe ich gedacht." „Wenn's weiter nichts ist," gab die Bäuerin zur Antwort, „im Ofenrohr steht eine ganze Schüssel voll, und wenn Ihr nicht so getrödelt hättet, dann säßet Ihr längst davor!" Noch während die Bäuerin sprach, hatte Melle angefangen, seine Stiefel zu betrachten, und war in ihren Anblick so versunken, dass er die Worte der Bäuerin überhörte. Sie musste ihn richtig wecken. „Was steht Ihr da und schaut auf Eure Stiefel? Kommt lieber herein und stärkt Euch." Melle antwortete: „Wenn Ihr wüsstet, was das für Stiefel sind, Ihr würdet ... " Die Bäuerin ließ ihn nicht aussprechen. „Besonders sehen sie gerade nicht aus. Stärkt Euch lieber erst; hernach werdet Ihr anders über die Stiefel denken. Der Hunger hat schon manchen Menschen närrisch gemacht." Melle folgte ihr, ohne noch ein weiteres Wort über seine Stiefel zu verlieren. Die Puffer schmeckten vorzüglich. Er aß, bis er auch nicht einen mehr lassen konnte.

Seither hütet Melle sein Fußzeug wie seinen Augapfel. Er könnte jetzt ein faules Leben führen, aber die Wanderlust sitzt ihm zu tief im Blut. Er hilft nach wie vor, wo er nur kann, und wird immer noch überall gern gesehen. Nur die geheimnisvolle Kraft seiner Schuhe erwähnt er mit keinem Wort.

Schnuck

Habt ihr den Schnuck gekannt, den kleinen sechsjährigen Schnuck mit dem blonden Wuschelkopf und den dicken, etwas zu kurz geratenen Beinen? Nein, ihr habt ihn nicht gekannt, ihr konntet ihn gar nicht kennen, denn er wohnte weit hinten in der Heide, dort, wo sich die Füchse gute Nacht sagen. Er war ein lieber Junge mit vielen drolligen Einfällen und einem guten und weiten Herzen. Geht und fragt sein Schwesterlein Lenchen, auch sie wird euch erzählen können, was für ein liebes Kerlchen ihr Brüderchen war. Und sie wird euch auch sagen, wie sehr sie ihn vermisst, nachdem er vor zwei Monaten an einer bösen Krankheit sterben musste. Nicht nur seiner Schwester Lenchen und seinen Eltern war er ans Herz gewachsen, auch mit allen Tieren, den wilden Kaninchen, den Bienen, den Hühnern und Tauben stand er auf gutem Fuß. Sie liefen und flogen nicht weg, wenn Schnuck sich sehen ließ; im Gegenteil, sie warteten darauf, von ihm gestreichelt zu werden. Die Bienen vergaßen sogar ihren giftigen Stachel. Die Tiere verstanden auch seine Sprache, und so jung er war, er verstand auch, was sie wollten.

Auch dem Wachholderbusch musste Lenchen alles noch einmal ganz von vorn erzählen. Der Wacholderbusch erzählte es seinen Brüdern, und bald wussten es alle Büsche in der weiten Heide. Sie weinten große Tränen, die sich in dem dichten Gezweig verfingen, dort austrockneten und hernach als blaue Beeren hängen blieben. Ein Busch empfand mit Lenchen ganz besonderes Mitleid. Um sie zu trösten, erzählte er ihr, wie einmal über die Familie der Wacholderbüsche ein großes Leid hereingebrochen sei. Vor vielen Jahren kam eine Horde roher Menschen zu ihnen in die Heide. Diese entfachten ein offenes Feuer. Dabei geriet ein Wacholderbusch in Brand. Er stand gleich wie eine gewaltige Fackel lichterloh in Flammen. Dieser Anblick gefiel den Menschen, und sie machten sich ein Vergnügen daraus, rundherum sämtliche

Wacholderbüsche anzuzünden. Nur wenige blieben verschont. Und diese weinten die ersten Tränen. So ist es dann geblieben. Bei jedem großen Schmerz fängt der Wacholder an zu weinen, und je mehr Beeren ein Busch trägt, je größer war sein Schmerz.

Es war im Hause und bis weit in die Heide hin still geworden, seit Schnuck tot war. Lenchen mochte auch nicht mehr spielen. Sie suchte nur immer wieder die Plätze auf, an denen sie mit Schnuck gespielt hatte. Dort hielt sie dann Zwiesprache mit den Tieren, den Pflanzen, ja, auch mit dem dicken und schweren Kieselstein, der sonst nur selten einen Ton von sich gibt. Das Sprechen bereitet ihm viel Mühe. Wenn er sich jedoch zu einem Ton aufrafft, dann klingt dieser tief und grollend, wie ferner Donner.

Auch Schnucks Eltern waren untröstlich. Vater Jan war tagsüber viel abwesend. Gewöhnlich war er im Moor, um Torf zu stechen, oder er war mit einer Fuhre in die Stadt, um sie dort zu Geld zu machen. Auch sonst hatte er allerlei außerhalb des Hauses zu tun.

Früher, als Schnuck noch lebte, war den dreien, Mutter Trine, Lenchen und Schnuck, der Tag dahingegangen, dass sie oft gar nicht wussten wie Mutter Trine gewerkelt hatte. Ehe man sich's versah, war der Vater zurück. Man hatte sich um den Abendbrottisch gesetzt, hatte gegessen, war zeitig ins Bett gestiegen, um in der Frühe wieder mit den Hühnern aus den Federn zu kriechen. Heute kam es schon einmal vor, dass Mutter Trine, sobald sie Lenchens ansichtig wurde, ihre Arbeit unterbrach und das Kind herzhaft an sich drückte. Das Leben ging zwar seinen alten Gang, aber es war kein rechtes Leben mehr. Alles und jedes vermisste die nimmer ermüdende, lustige Possierlichkeit des kleinen Schnuck.

Oftmals hörte Lenchen ihre Eltern des Nachts leise miteinander sprechen. Meistens ging es hierbei um Schnuck. „Ob er wohl schon im Himmel ist?“ hörte Lenchen ihre Mutter einmal fragen. „Das weiß ich nicht,“ gab Vater Jan zur Antwort.

„Vielleicht gibt es einen Himmel, so wie du ihn dir vorstellst, überhaupt nicht. Was weiß ich? Vielleicht steht seine kleine Seele im Augenblick neben unserem Bett, vielleicht weilt sie auch auf der blühenden Heide, bei den Wacholderbüschen. Es kann auch sein, dass sie ihre Freunde, die Tiere, besucht. Ich weiß es nicht. Vielleicht schaut sie morgen früh auch den Elfen zu, wenn diese ihre dünnen Gewebe zwischen den Gräsern und Heidebüschen zum Trocknen ausbreiten." „Ja, ja," antwortete Mutter Trine, „du kannst recht haben, wir wissen nichts." „Nun, lass es gut sein, Mutter," schloss Vater Jan die Unterhaltung, „wir müssen uns darin schicken. Schließlich haben wir das Lenchen noch; dafür müssen wir dankbar sein." Dann wurde es still. Aber der Schlaf wollte sich bei den Eltern nicht einstellen. Auch Lenchen lag noch lange wach und versuchte, mit dem Erlauschten zurechtzukommen. Schließlich schlief sie aber doch darüber ein.

Die Worte ihrer Eltern gingen ihr jedoch nicht mehr aus dem Sinn und sie überlegte, wie sie es anstellen könne, mit den Elfen zu sprechen. Sie besprach sich mit der Heide. Diese kannte die Elfen genau. Sie hatte die Elfen häufig ihren Reigen tanzen sehen. Die Heide gab ihr den Rat, sobald der Mond voll und rund am Himmel stünde, herauszukommen. Sie würde ihr die Elfen dann zeigen; ob sie jedoch mit ihnen sprechen könne, darüber konnte die Heide auch nichts sagen. Sie wusste nur, dass die Elfen sehr scheu waren und bei jedem unbekannten Geräusch sofort verschwanden. „In früheren Jahren," so fuhr die Heide fort, „lag einmal ein Handwerksbursche bei mir im Kraut. Er wollte die Elfen belauern. Sie erschienen auch zum Tanz, und der Handwerksbursche vergaß bei ihrem Anblick alles. Als die Elfen seiner ansichtig wurden, forderten sie ihn durch Zeichen auf, ihnen zu folgen. Das tat der Bursche auch. Dabei ist er dann aber elendig im Moor umgekommen. Aber," so meinte das Heidekraut weiter, „vielleicht hatte der Bursche etwas ganz anderes im Sinn. Die Elfen sind sonst gutmütige Wesen, die keinem Menschen absichtlich ein Leid zufügen." Als Lenchen das Heidekraut jedoch nach, Schnucks Seele fragte, konnte es auch keine Auskunft geben.

Abends, nach dem Gute-Nacht-sagen, fragte Lenchen ihre Mutter, ob es wohl wirklich und wahrhaftig angehen könne, Schnucks Seelchen bei den Elfen im Moor zu entdecken. „Mein liebes Kind," antwortete die Mutter, „so ein Seelchen ist ein so zartes und feines Gebilde, dass du es kaum wirst erblicken können." Im Übrigen war sie bemüht, Lenchen von dem Gedanken, zu den Elfen ins Moor zu gehen, abzubringen, denn auch ihr war die Geschichte mit dem Handwerksburschen bekannt.

Eines Tages fing Lenchen einen Laubfrosch. Sie wollte ihn mit heimnehmen und in einen Glashafen setzen, damit er ihr als Wetterprophet diene. Der Laubfrosch bat sie, ihm die Freiheit wiederzuschenken, er würde ihr dann, wenn sie einmal in Bedrängnis gerate, auch helfen. Daraufhin fragte Lenchen ihn, ob er wohl wisse, wie sie es anstellen müsse, ihres Bruders Seele zu finden. „Da kann ich dir schon raten,", gab der Frosch zur Antwort, „du musst den Blumen und Büschen, den Tieren, den Steinen und den Wolken folgenden Vers sagen:

„Liebes Blümlein mein,
wo weilt Brüderchens Seele klein?"

Lenchen war es zufrieden, schenkte dem Laubfrosch seine Freiheit und lief dann so schnell, wie ihre Füße sie tragen konnten, zu der blühenden Heide. Dort ließ sie sich nieder und sprach den Vers:

„Liebe Heide mein,
wo weilt Brüderchens Seele klein?"

Als die Heide diese Worte vernahm, ging ein leises Zittern durch ihre Zweige. Sie antwortete:

„Helfen kann das graue Vöglein dir, wenn es bald vorbeifliegt hier, soll es klopfen an das Fenster dein, damit du findest Brüderchens Seele klein."

Lenchen hielt sich nicht lange bei dem Heidebusch auf. Sie eilte zum Wacholderstrauch. Dort sprach sie wieder ihren Vers:

„Lieber Holderbusch mein, wo weilt Brüderchens Seele klein?"

Lenchen lief immer weiter. Sie suchte die Hühner auf, die wilden Kaninchen, die Tauben, und als sie einer weißen Wolke ansichtig wurde, bat sie auch diese mit denselben Worten. Die Wolke, die Tiere, überhaupt alle antworteten, wie es der Heidebusch und der Wacholderstrauch getan hatten. Auch am nächsten und übernächsten Tag sagte sie ihr Verslein noch häufig her. Und immer bekam sie dieselbe Antwort. Nachdem sie auch den großen Kieselstein gebeten hatte, war nichts mehr da, woran sie sich hätte wenden können. Dann aber wagte sie es nicht mehr, sich weit vom Hause zu entfernen, in der Angst, das graue Vögelchen zu verpassen.

„Warum spielst du nicht mehr draußen in der Heide?" fragte Mutter Trine. „Du wirst uns doch nicht etwa krank?" „Ich mag heute nicht spielen," gab Lenchen zur Antwort, „ich mag überhaupt nicht mehr spielen, solange ich nicht Schnucks Seelchen gefunden habe."

Diese Antwort entsetzte die Mutter. Sie besprach sich mit ihrem Mann. Der riet ihr, Lenchen ruhig gewähren zu lassen. Es sei nur die Sehnsucht nach ihrem verstorbenen Bruder. Im Laufe der Zeit würde sie's wohl überwinden. Aber Vater Jan irrte. Lenchen wurde immer stiller und verschlossener! Ständig hielt sie Ausschau nach dem grauen Vogel. Aber dieser ließ sich nirgends blicken. Wenn sie gar nicht mehr aus noch ein wusste, besuchte sie den Wacholderstrauch und klagte diesem ihr Leid. Aber dieser konnte auch nicht mehr tun, als sie vertrösten. „Der graue Vogel muss manchmal weite Reisen unternehmen, es dauert dann lange, bis er zurückkommt. Aber beruhige dich nur. Einmal wird er kommen und an dein Fenster klopfen." Diese Worte gaben ihr neuen Mut. Sie wartete weiter geduldig.

Einmal hörte sie ihren Vater zu Mutter Trine sagen: „Du scheinst doch recht zu haben. Mit unserem Lenchen stimmt etwas nicht. Sie kommt mir in letzter Zeit gar so sehr verändert vor." „Pscht, pscht," machte Mutter Trine, „nicht so laut. Sie darf nicht wissen, dass wir von ihr sprechen. Sonst wird's noch schlimmer mit ihr." Sie flüsterte ihm dann ins Ohr, dass sie Lenchen vor einigen Tagen dabei beobachtet habe, wie sie den großen Hahn gebeten habe, ihr bei der Suche nach Schnucks Seele zu helfen. „Wir müssen schon Geduld mit ihr haben, sonst verlässt sie uns auch noch."

Soweit hatte Lenchen ihre Mutter verstanden und begriff trotz ihrer Jugend, dass die Eltern sich um sie sorgten.

Sie wartete weiter Tag und Nacht, dass der graue Vogel zu ihr komme, und eines Abends, als sie schon in ihrem Bettchen lag, saß der graue Vogel vor ihrem Fenster und klopfte. Sie erschrak, stand aber trotzdem sofort auf und ging zu ihm. „Du hast Sehnsucht nach dem Brüderchen?" hob der graue Vogel zu sprechen an. Lenchen konnte vor lauter Freude kein Wort über die Lippen bringen. Sie nickte nur. Der graue Vogel fuhr fort: „Dein Wunsch ist nicht leicht zu erfüllen; dein Bruder ist weit weg von hier." „Aber das Heidekraut und der Wacholderbusch sagten mir doch, dass du mir helfen könntest," gab Lenchen zur Antwort. „Sieh, ich möchte doch so gern wieder mit Schnuck spielen." „Aber Lenchen," fuhr der graue Vogel fort, „da, wo sich Schnucks Seelchen jetzt befindet, gibt es den kleinen Schnuck, mit dem du gespielt hast, nicht mehr. Auch ein Lenchen, das so ausschaut wie jetzt, würde es dort nicht geben. Dort gibt es nur Engel. Viele, viele Engel, die alle einander gleichen. Gewiss, du könntest dein Brüderlein schon sehen, auch mit ihm sprechen, aber es würde dir nicht lieber sein als all die anderen Engel."

Das verstand Lenchen nicht alles. Sie hatte sich die Sache so ganz anders vorgestellt und geglaubt, der graue Vogel würde ihr den Weg zeigen und sie könnte dann ihr Brüderchen, so oft es ihr gefiele, besuchen. „Aber, so meinte sie, „kommt er denn nicht einmal hierher um mit den Elfen zu spielen? Ich könnte ihn dann wenigstens sehen." „Du würdest ihn kaum erkennen," entgegnete der graue Vogel. „Die Elfen sehen auch alle gleich aus, genau wie die Engel." Nun wusste Lenchen nichts Rechtes mehr zu sagen. Da aber ihre Sehnsucht trotzdem noch sehr groß war, bat sie den grauen Vogel sie doch hinzuführen. „Gut," antwortete dieser, „ich werde an drei Abenden an dein Fenster klopfen. Wenn du es dir bis dahin nicht anders überlegt hast, werde ich dich hinführen. Aber merke dir wohl, wenn du einmal bei den Engeln bist, kannst du zu deinen Eltern nicht wieder zurück. Das bedenke! Und nun lebe wohl!" Ohne Lenchens Antwort abzuwarten, breitete er seine Flügel aus und verschwand.

Lenchen suchte wieder ihr Bett auf und fing an zu grübeln. Viel wusste sie mit den Worten des grauen Vogels nicht anzufangen, so sehr sie auch ihren kleinen Verstand bemühte. Sie wurde müde und schlief ein. Aber richtigen Schlaf konnte sie nicht finden. Von Zeit zu Zeit wachte sie auf, hörte erneut die Worte des grauen Vogels, begann wieder zu grübeln und schlief dann für kurze Zeit wieder ein.

Am nächsten Morgen sah sie bleich und übernächtigt aus. Das Essen schmeckte ihr nicht. Den ganzen Tag saß sie umher und versuchte sich über die Worte des grauen Vogels klar zu werden. Abends lag sie lange wach. „Gleich wird der graue Vogel kommen," dachte sie, „und du weißt nicht, was du tun sollst." Kaum, dass sie zu Ende gedacht hatte, da klopfte es auch schon. Der graue Vogel war da.

„Wenn du willst dein Brüderlein sehn, musst du
dich eilen und mit mir gehn.
Zweimal komm ich vor deinem Fenster noch nieder,
dann flieg ich fort und kehre nicht wieder."

Lenchen lag still und steif da und wagte nicht zu antworten. Der graue Vogel wartete noch einen Augenblick, dann flog er, davon.

Der folgende Tag verging ihr wie der vorhergehende. Sie mochte nicht spielen und nichts essen. Und wenn sie an ihre Eltern dachte, die sie verlassen wollte, dann wurde sie ganz traurig. So wurde es Abend und bald, nachdem sie ihr Bett aufgesucht hatte, meldete sich der graue Vogel wieder:

„Wenn du willst dein Brüderlein sehn, musst du
dich eilen und mit mir gehen.
Einmal komm ich vor deinem Fenster noch nieder,
dann fliege ich fort und kehre nicht wieder."

Auch diesmal rührte Lenchen sich nicht, und der graue Vogel flog wieder davon. Am nächsten Tag war ihr noch viel elender zumute. Verschüchtert drückte sie sich in allen Ecken umher. Einmal fasste sie den Entschluss, den Wacholderstrauch aufzusuchen. Als sie gehen wollte, hielt Mutter Trine sie zurück, nahm sie auf ihren Schoß und fragte behutsam, was es sei, was sie so bedrücke. Lenchen kuschelte sich tief und fest in die Arme ihrer Mutter.

Als sie merkte, wie wohl geborgen sie dort war, wich alle Bedrängnis, und sie begann ihrer Mutter ihr Herz auszuschütten. Gerührt hörte Mutter Trine zu. Lenchen erzählte ihr alles, sie vergaß nichts. Dabei zitterte sie manchmal wie ein kleines verschüchtertes Vögelchen. Es dauerte lange, bis sie ihren Bericht zu Ende gebracht hatte. Mutter Trine konnte lange nicht antworten. Sie nahm ihr Kind noch fester in den Arm und küsste es. „Kleines", sagte sie dann, „du wolltest deinen Vater und mich verlassen, um Schnuck wiederzusehen? Hast du denn so große Sehnsucht nach deinem Bruder? Sieh, auch wir vermissen ihn sehr. Aber er ist nun einmal von uns gegangen. Er weilt bei den Engeln im Himmel. Da hat der graue Vogel ganz recht. Auch du hättest, um ein Engelchen zu werden, sterben müssen. Wir hätten dann nichts mehr gehabt, keinen Schnuck und kein Lenchen."

„Ich wollte euch ja gar nicht für immer verlassen; ich wollte Schnuck nur einmal sehen und mit ihm spielen," verteidigte Lenchen sich. Mutter Trine antwortete; „Aber das geht doch nicht, mein Kind. Man kann nicht im Himmel und auf der Erde sein. Wer im Himmel weilt, ist von der Erde geschieden." Langsam beruhigte sich Lenchen wieder. Und als Vater Jan von der Arbeit kam, lief sie ihm entgegen und begrüßte ihn derart herzlich, dass er gar nicht wusste, wie ihm geschah. Mutter Trine musste ihm erst alles erzählen. Später, nachdem Lenchen schon lange ihr Bett aufgesucht hatte, saßen die Eheleute noch lange zusammen im Gespräch über ihr sonderbares Kind.

Auch an diesem Abend kam der graue Vogel. Aber Lenchen hörte nicht, was er sagte, denn sie schlief tief und fest. Sie schlief noch, als die Sonne schon hoch am Himmel stand. Gesund und froh erwachte sie und ihren lieben Schmuck vergaß sie niemals.

Das Schwert

Abseits aller menschlichen Behausungen lebte einmal ein Schmied. Trotz der unruhigen Zeiten und der überall herrschenden Not lebte er mit seiner Frau und seinen beiden Buben glücklich und zufrieden. Er besorgte die Schmiede und den Acker, die Frau Haus und Hof; und die beiden Jungen von zehn und zwölf Jahren fassten mit an, wo es nottat.

Das von dem Schmied hergestellte Ackergerät war weit und breit bekannt, seine Spaten und seine Pflugscharen waren geradezu berühmt. Er verstand es, diesen eine Härte und einen Schliff zu geben, dass sie die Erde schnitten, als sei sie Butter. Doch damit hatte es seine besondere Bewandtnis.

Vor Zeiten war der Schmied in den Wald gegangen, um einige gute Eschenstiele für ein paar Schaufeln zu schneiden. Dabei war ihm ein Köhler begegnet, der den Schmied, nachdem dieser die Stiele geschlagen hatte, um Überlassung der Axt bat. Der Schmied erklärte sich einverstanden, und als sie sich verabschiedeten, verriet ihm der Köhler zum Dank, wie er es machen müsse, um einen besonders guten Stahl herzustellen. „Aber“, so fügte der Köhler hinzu, „lass dich niemals überreden, Schwerter oder andere Waffen anzufertigen, du würdest es später bitter bereuen.

Bald wurden die Spaten des Schmieds, die Hacken und die Pflugschare weithin bekannt. Er hatte mehr zu tun, als er mit seinen Händen schaffen konnte. Bald musste er die Schmiede vergrößern. Später bekam das Wohnhaus einen Anbau. Er schaffte sich Pferde und Kühe an, und auf Bitten seiner Frau kaufte er eine Kutsche. Als die Buben herangewachsen waren, mussten sie in der Schmiede helfen.

Im Lande wurden die Zeiten immer schlechter. Banden zogen umher, raubten und plünderten, wo sie nur konnten. Es kam jetzt schon einmal vor, dass ein Hauptmann, ein Fähnrich oder sonst jemand bei ihm vorsprach, um sich ein

Schwert, ein Waffengehänge oder auch ein anderes Ausrüstungsstück machen zu lassen. Der Schmied gedachte jedoch der Worte des Köhlers und lehnte jeden derartigen Wunsch ab, obwohl ihm der Verdienst bei den schlechten Zeiten willkommen gewesen wäre. Die Kutsche, einige Pferde und eine Kuh hatte er wiederverkaufen müssen. Seiner Frau passte dies ganz und gar nicht, besonders aber ärgerte sie der Verkauf der Kutsche. Wie hatten die Leute geguckt, wenn sie sonntags vor der Kirche hielten! Jeder Blick hatte ihr wohlgetan. Wann und wo sie nur konnte, lag sie ihrem Mann in den Ohren, und als eines Tages ein Hauptmann erschien und ein Schwert gemacht zu haben wünschte und dafür nicht nur eine Kutsche, sondern auch noch andere Dinge versprach, ließ sie ihren Mann nicht eher wieder in Ruhe, bis er das Schwert anzufertigen versprach.

Er arbeitete acht Tage, dann war das Schwert fertig. Es besaß all die Eigenschaften, die bisher seine Spaten und Hacken ausgezeichnet hatten. Es war so scharf, dass es beinahe von selbst seiner blutigen Arbeit nachkam. Bald merkte der Schmied jedoch, dass er einen bösen Tausch gemacht hatte. Seine Hacken und Spaten hatten nicht nur ihre guten Eigenschaften eingebüßt, sie wurden jetzt so schlecht, dass sie schließlich kein Bauer mehr haben wollte. Er musste nach und nach alles verkaufen, und wenn auch seine Frau jammerte, er wurde arm wie eine Kirchenmaus. Bald hatte er für seine beiden Söhne, die inzwischen zu Männern herangewachsen waren, keine Beschäftigung mehr. Als er nicht mehr ein noch aus wusste, erzählte er seinen Söhnen alles und meinte zum Schluss: „Wenn ich nur das Schwert zurückholen könnte. Ich bin gewiss, der Köhler würde mir verzeihen.“ Ja, das Schwert musste wieder her!

Die Brüder rüsteten sich und machten sich auf den Weg. Wohin sie kamen, machten sie sich nützlich; hier halfen sie pflügen, dort rodeten sie einen Wald. Keine Arbeit war ihnen zu schwer, und stets waren sie mit dem zufrieden, was man ihnen gab. Und da sie außerdem noch ein gesittetes Wesen an den Tag legten, waren sie überall gern gesehn.

Einmal kamen sie an einen großen Bauernhof, der von einer hohen Steinmauer umgeben war. Die Mauer besaß nur ein Tor, das von zwei großen wildaussehenden Hunden bewacht wurde. Die Hunde, die sich anfangs wie toll gebärdeten, wurden immer ruhiger, je mehr sich die Brüder ihnen näherten, und als sie vor dem Tore standen, gaben die Hunde ihnen den Weg frei. Auf dem Hof liefen viele Hühner, Enten und Gänse umher, die Stalltüren fanden sie geöffnet. Vieh stand in den Ställen und blökte, Schweine grunzten, und die Pferde zerrten an ihren Halftern; ein Mensch war jedoch nirgends zu erblicken. Die Brüder schüttelten ihren Kopf und wussten nicht, was sie sagen sollten. Da ihnen das hungernde Vieh jedoch leidtat, machten sie sich an die Arbeit und warfen den Kühen Heu vor, den Pferden gaben sie Häcksel und Hafer, und den Schweinen füllten sie die Tröge mit gestampften Kartoffeln. Auch das Federvieh auf dem Hofe wurde nicht vergessen. Dann gingen sie weiter und kamen in die Küche. Der Tisch stand dort gedeckt mit Butter und Brot. Auf dem Herd kochte ein Kessel mit Suppe. Obwohl sie Hunger verspürten, wagten sie die Speisen nicht anzurühren, sondern gingen weiter. Aber welchen Raum sie auch betraten, nirgends entdeckten sie ein menschliches Wesen. Zuletzt kamen sie in eine kleine Kammer. Dort lag ein Mann ausgestreckt auf einer Bank und schlief.

Sie blieben in der Tür stehen und warteten. Aber der Mann rührte sich nicht. Plötzlich hörten sie ihn leise stöhnen. Auf seinem Halse saß eine große Hornisse. Bald kam eine zweite geflogen und dann eine dritte. Sie gingen hin und versuchten, die Tiere zu vertreiben. Da kamen ihrer derart viele, dass sie sich ihrer kaum erwehren konnten. Nachdem sie jedoch in der Wand ein Loch, durch das die Hornissen hereinschlüpften, entdeckt und verstopft, beeilten sich die Tiere, durch das halbgeöffnete Fenster ins Freie zu gelangen. Nun fanden die Brüder Zeit, sich um den Mann zu kümmern. Der Hals war dick geschwollen. Mehrere Hornissen hatten ihn gestochen. Die Brüder brachten frisches Wasser, machten ihm kühlende Umschläge und warteten dann darauf, dass er aufwachen werde. Das geschah dann auch endlich. Der Mann fragte die Brüder, wie sie hereingekommen seien. Die Brüder erzählten ihm, dass die Hunde sich anfangs wie wild gebärdet hätten, bei ihrem Näherkommen aber immer ruhiger geworden seien und sie zuletzt unbelästigt gelassen hätten. „Und was habt ihr hier gemacht?“ fragte er weiter und betastete seinen Verband. Die Brüder erzählten ihm, wie sie ihn von Hornissen zerstochen gefunden und wie sie es angestellt hätten, die Tiere zu vertreiben. „Da bin ich euch zu großem Dank verpflichtet“, meinte er, „noch einige Stiche, und es wäre um mich wahrscheinlich geschehen gewesen.“

Zum Schluss wollte er noch wissen, was sie in diese Gegend geführt habe. Die Brüder, die sofort großes Zutrauen zu dem Alten gefasst hatten, berichteten getreulich alles, was sie wussten: von ihren Eltern, ihrem guten und später elenden Leben, auch das Unglück ihres Vaters verschwiegen sie nicht. „Wir konnten das Elend daheim nicht mehr länger mit ansehen“. berichteten sie weiter, „die Zeiten wurden immer schlechter, Arbeit gab es kaum noch, und als Brot und Mehl immer knapper wurden, haben wir unsere Ränzel geschnürt und sind ausgezogen in der Hoffnung, das Schwert wieder herbeischaffen zu können. Wir haben jedoch, obwohl wir schon viele Monate unterwegs sind, weder von dem Hauptmann noch dem Schwert etwas gesehn noch gehört.“

„Hm, so ist das“, meinte der Alte, „ich würde euch gern zum Dank dafür, dass ihr mir beigestanden habt, helfen, aber ich weiß nicht wie. Es kommt hier zwar viel fahrendes Volk vorbei, und es könnte auch der Fall einmal eintreten, dass der Hauptmann mit dem Schwert darunter ist, aber Genaues weiß man natürlich nicht. Wenn es euch aber nichts ausmacht, dann bleibt eine Weile bei mir. Meine Wirtschaft ist nicht groß, aber Arbeit hätte ich schon.“ Die Brüder waren einverstanden und blieben. Der Alte, der sich übrigens schnell wieder erholt hatte, wies ihnen eine Kammer an und meinte: „Morgen früh könnt ihr dann mit der Arbeit anfangen. Was zu tun ist, werdet ihr schon selbst sehen. Schließlich seid ihr ja auf dem Lande groß geworden, da werdet ihr schon wissen, was alles getan werden muss.“ Damit ließ er sie allein.

Auf dem Hof gab es mehr Arbeit, als die Brüder anfangs geglaubt hatten, aber das Seltsame war, dass, wenn sie anfangen wollten, die meiste Arbeit jedes Mal getan war. Dabei bekamen sie, außer dem Alten bei den Mahlzeiten, keinen Menschen zu Gesicht. „Morgen früh“, so sagten sie zu einander, „wollen wir noch vor Hellwerden aufstehen und den Stall ausmisten. Da wird uns niemand zuvorkommen.“ Als sie den Stall betraten, war auch diese Arbeit schon getan. Sie brauchten das Vieh nur noch zu füttern und Wasser in die Tröge zu schütten. Wenige Tage später wollten sie die Wiese mähen. Aber auch hier kamen sie zu spät. Die Arbeit war bereits von Unsichtbarer Hand getan. Nicht einmal das Heu brauchten sie einzufahren. Eines Tages fanden sie es auf dem Boden. Als sie dem Alten gegenüber hierüber ihre Verwunderung aussprachen, hatte er als Antwort nur ein Lächeln und meinte, sie sollten sich darüber nur keine Gedanken machen, im Gegenteil, sie täten gut daran, mehr nach dem Hauptmann Ausschau zu halten. Das taten sie dann auch.

Es kamen auch viele Menschen vorbei, aber gewöhnlich gebärdeten sich die Hunde derart wild, dass die Menschen es vorzogen, ihrer Wege zu ziehen. Auch hierüber erkundigten sie sich bei dem Alten. Dieser lächelte wieder und sagte: „Die Hunde fühlen genau, was die Menschen im Schilde führen, und halten alle, die kein reines Gewissen haben, von hier fern.“

Sieben Monate waren seither ins Land gegangen, da hielt eines Abends ein Reiter vor dem Tor und bat um Quartier. Die Hunde knurrten wohl ein wenig, aber das störte den Reiter nicht. Er ritt durch das Tor, und die Hunde ließen ihn gewähren. Die Brüder meldeten dem Alten den neuen Gast. Dieser sagte: „Führt ihn herein und gebt ihm zu essen und zu trinken.“ Die Brüder nahmen dem Reiter das Pferd ab, führten dieses in den Stall und sorgten für Futter. Der Reiter hatte es sich in der Zwischenzeit drinnen bequem gemacht. Er saß am Tisch, Brot und Wurst standen vor ihm, und der Alte war, als sie eintraten, gerade damit beschäftigt, ihm ein Glas Wein einzuschenken. Darüber wunderten sich die Brüder, denn sie hatten nicht gewusst, dass Wein im Hause war.

Der Alte forderte auch die Brüder auf, sich zu setzen, und schenkte auch ihnen ein Glas ein. Der Reiter schien einen weiten Weg hinter sich zu haben. Er aß und trank, dass die Brüder glaubten, er müsse schier platzen. Worüber sie sich aber besonders wunderten, war die Art und Weise, mit der der Alte den Reiter immer wieder ermunterte, dem Wein ja ordentlich zuzusprechen. Der Gast ließ sich den Wein schmecken und trank ein Glas nach dem andern. Bald fing er an, von seinen Taten zu erzählen. Und es dauerte dann auch gar nicht lange, bis er die Geschichte, wie er in den Besitz seines so trefflichen Schwertes gelangte, zum Besten gab. „Vor vielen Jahren hörte ich einmal von einem Schmied, der wunderbare Feldgeräte herzustellen verstünde, sich aber weigerte, ein Schwert oder irgendeine andere Waffe anzufertigen. Ich suchte den Schmied auf und fand alles bestätigt, was die Leute mir erzählt hatten. Der Schmied besaß jedoch eine Frau, die, obwohl gut und rechtschaffen, doch einen gehörigen Posten Eitelkeit besaß. Als meine Worte bei dem Schmied nicht fruchteten, steckte ich mich hinter seine Frau und versprach ihr, falls es ihr gelänge, ihren Mann dahin zu überreden, mir ein gutes Schwert anzufertigen, eine Kutsche mit einem Paar schöner Pferde. Die Frau setzte ihrem Mann so lange zu, bis er nachgab. Ich bekam das Schwert und sie die Kutsche mit den Pferden. Das Schwert hat mir seither gute Dienste geleistet. Es gibt auf der Welt bestimmt kein zweites dieser Art. Mit diesem Schwert in der Faust bin ich unüberwindlich, und dabei habe ich nichts weiter zu tun, als es nur richtig zu führen. Alle Arbeit nimmt mir das Schwert ab.“ Der Reiter wusste noch viel zu erzählen, und da er dem Wein reichlich zugesprochen hatte, fand er auch so bald kein Ende.

Die Brüder hatten sehr schnell begriffen, wen sie vor sich hatten, aber das Schwert besaßen sie damit noch lange nicht. Sie waren sich auch klar darüber, dass er's nicht freiwillig hergeben würde (und mit Gewalt konnten sie ihm es auch nicht nehmen, denn dann hätte das Schwert sie gewiss getötet. Es blieb ihnen also nur eine List übrig. Und da hofften sie auf die Nacht. Sie konnten die Zeit kaum abwarten, dass der Gast aufstand und sein Lager aufsuchte. Aber sie hatten vergeblich gehofft. Der Reiter hielt, während er schlief, das Schwert fest mit beiden Armen umschlungen. Sie hätten ihn schon töten müssen, um ihm das Schwert zu nehmen. Aber mit einem Mord wollten sie ihr Gewissen nicht belasten, auch wenn sie das Schwert niemals zurückerhielten.

Am nächsten Morgen, als der Gast weiterreiten wollte, war der Alte nirgends zu finden. Nach einer Weile erst kam er zum Vorschein, doch da war der Reiter schon über alle Berge. Die Brüder standen traurig und bedrückt da. Der Alte machte sich wenig aus ihrer Stimmung. Er meinte: „Der Fremde scheint der Besitzer des Schwertes zu sein, dessen Herstellung euren Vater in so bitteres Leid gestürzt hat.“ „Ja,“ antworteten die Brüder, „wir hätten es gern wieder an uns gebracht, aber der Reiter ließ es nicht aus den Augen, sogar während er schlief, hielt er es an seinen Körper gepresst. Wir hätten ihn schon töten müssen. Aber das konnte keiner von uns übers Herz bringen, und doch hätten wir unserm Vater so gern geholfen.“

„Nun,“ unterbrach sie der Alte, „so ganz hoffnungslos erscheint mir die Sache noch nicht. Ihr habt mir treu und redlich gedient, da hätte ich schon Lust, euch auch zu helfen. Aber mein Rat ist nicht leicht. Er kann einem von euch das Leben kosten.“ „Unser Leben kann gern draufgehen,“ antworteten die Brüder wie aus einem Munde, „wenn wir unserm Vater nur helfen können." Diese Liebe rührte den Alten mehr als alles andere zuvor. „Es ist gut," begann er, „ich habe mich von eurer Aufrichtigkeit überzeugt und will euch jetzt sagen, was ihr tun müsst." Er öffnete einen, den Brüdern bis dahin unbekannt gebliebenen Wandschrank und entnahm diesem ein Schwert. Während er dieses dem Älteren übergab, sagte er: „Dieses Schwert ist auf eine ähnliche Weise entstanden wie das des Reiters. Der Schmied war jedoch nicht ganz so geschickt wie euer Vater. Das Schwert des Reiters ist diesem überlegen. Aber wenn ihr eurem Vater schon helfen wollt, dann müsst ihr auch etwas wagen. Sollte es jedoch zu einem Kampf kommen und der Reiter findet dabei den Tod, dann ist alles verloren. Das Schwert büßt seine Kraft dann ein, und nichts kann eurem Vater mehr helfen. Das bedenkt!" Der Alte schenkte noch jedem ein Pferd. Die Brüder dankten ihm, rüsteten ihre Ränzel und ritten davon.

Gegen Abend holten sie den Reiter ein. Sie schlossen sich ihm an und machten, als es dunkel wurde, auch gemeinsam Quartier. Nach dem Essen bestellte der Reiter einen Krug Wein und lud die Brüder ein. Auch heute konnte er es nicht unterlassen, in gewissen dunklen Andeutungen, die allerdings nur den Brüdern verständlich waren, von der Wunderkraft seines Schwertes zu sprechen. Während er in seiner Erzählung eine Pause machte, fragte der Ältere ihn, ob ihm das Schwert nicht feil sei. „Für nichts in dieser Welt," gab der Reiter zur Antwort. „Auch wenn wir Euch ein anderes Schwert dafür geben?" wollte der Ältere wissen. „Auch dann nicht," beharrte der Reiter, „bietet mir meinethalben eine ganze Grafschaft, selbst dafür würdet ihr das Schwert nicht bekommen." „Seht," so fuhr er fort, „im Schwert steckt ja eine ganze Grafschaft drin. Wenn ich nur gewollt hätte, pah, Schlösser, Höfe, ja ganze Ortschaften wären mein. Aber ich habe mich gehütet, jemals die Kraft meines Schwertes zu missbrauchen. Nein," so beendete er seine Rede, „aus einem Tausch kann nichts werden, und wenn ihr keine Buschklepper seid, was ich nicht annehme, dann werdet ihr auch einsehen, dass ich dumm wäre, wenn ich anders handelte."

Darauf konnten die Brüder nicht viel erwidern, zumal sie auch einsahen, dass er kein unrechter Mensch war, ja, es kamen ihnen sogar Zweifel, ob er sich überhaupt in einen Kampf mit ihnen einlassen würde. Darüber waren sie im Grunde ganz froh, denn Blutvergießen war nun einmal nicht ihre Sache. Während der Nacht konnten die Brüder keinen Schlaf finden. Sie wälzten sich auf ihrem Lager, aber soviel sie auch nachdachten, einen Ausweg fanden sie nicht. Andern Tags setzten sie ihren Weg gemeinsam fort. Der Reiter, der gut und fest geschlafen hatte, war lustig und guter Dinge, während die Brüder ziemlich müde auf ihren Pferden saßen. Der Reiter neckte sie: „Euch ist heute Nacht wohl eine Laus über die Leber gelaufen? Macht euch nur keine Gedanken. Solange ich mein Schwert noch besitze, werden wir auch zu dreien durchkommen." Nun konnten die Brüder ihr Geheimnis nicht länger für sich behalten. Sie berichteten ihm alles, schilderten das Elend ihrer Eltern und sagten ihm auch, dass sie ausgezogen seien, das Schwert zu suchen. Sie zeigten ihm auch das Schwert, das der Alte ihnen geschenkt hatte und wiederholten auch seine Worte, dass sie, um in den Besitz des Schwertes zu gelangen, vielleicht kämpfen müssten. „Aber," so fuhr der Ältere fort, „nachdem wir dich jetzt kennengelernt und eingesehen haben, dass du im Grunde ein rechtschaffender Mensch bist, können wir nicht mehr mit dir kämpfen. Mein Blut gäbe ich aber gern dahin, nur müsstest du mir vorher versprechen, hernach meinem Bruder dein Schwert auszuhändigen." Hier unterbrach ihn der Jüngere. „Schone das Leben meines Bruders. Nimm das meinige. Er ist viel geschickter und viel klüger als ich." Der Reiter hielt sein Pferd an und begann zu lachen. „Ihr seid mir schon ein Paar Käuze. Ich soll einem das Leben nehmen und dem andern das Schwert, mit dem ich seinen Bruder getötet habe, schenken? Nein, dergleichen Unsinn schlagt euch ruhig aus dem Kopf. Daraus wird nichts."

Nun waren sie wieder genau so klug wie vorher. Der Reiter wollte nicht kämpfen, aber von einem Tausch wollte er auch nichts wissen. „Besitzt ihr nicht auch ein gutes Schwert? Zieht nur durch die Lande, ihr werdet schnell ein großes Vermögen beieinanderhaben, und dann könnt ihr eurem Vater auch helfen."

Die Brüder setzten dem Reiter auseinander, dass ihrem Vater nicht um das Geld zu tun sei, er wolle vielmehr sein Vergehen sühnen, und das könne er eben nur mit Hilfe des Schwertes. Sie stritten lange hin und her und würden noch länger gestritten haben, wenn ihnen nicht ein Schäfer entgegengekommen wäre. Der Schäfer befand sich in einer großen Not. Sein Hund war ihm plötzlich erkrankt. Das hatten sich die Schafe zunutze gemacht und waren in alle vier Himmelsrichtungen davongelaufen. Die drei zögerten nicht lange; sie gaben ihren Pferden die Sporen und sprengte davon. Nach einer gewissen Zeit kamen sie zurück und trieben die wieder eingebrachten Schafe vor sich her. „Das habt ihr brav gemacht," bedankte sich der Schäfer, „wenn ich euch dienlich sein kann, dann sprecht." Der Reiter antwortete: „Ein guter Rat könnte uns nicht schaden, aber den wirst du uns bestimmt auch nicht geben können." „Das käme noch darauf an, meinte der Schäfer, „lasst mich nur wissen, um was es sich handelt." „Das ist schnell erzählt," fuhr der Ältere fort, „wir haben da einen Streit um ein Schwert." Der Schäfer unterbrach ihn. „Leute eures Schlages pflegen derartige Streitigkeiten gewöhnlich mit dem Schwert auszutragen." Der Jüngere antwortete: „Das ist gerade das, was wir nicht wollen. Es soll kein Blut fließen."

Der Schäfer musste lachen. „Solchen Menschen begegnet man selten. Die meisten können die Zeit, übereinander herzufallen, gewöhnlich gar nicht abwarten." Nun berichtete ihm der Ältere, wie alles zusammenhing. Nachdem er geendet hatte, dachte der Schäfer eine Weile nach und meinte dann, indem er sich zuerst an den Reiter wandte: „Du behauptest, es gäbe kein besseres Schwert. Das mag richtig sein. Aber das Schwert der Brüder besitzt dieselben Eigenschaften wie das deinige. Vielleicht ist es nicht ganz so gut gearbeitet, vielleicht auch nicht ganz so mächtig, aber es erfüllt denselben Zweck. Du hast gehört, wozu die Brüder dein Schwert benötigen. Sie wollen nicht damit kämpfen, sie wollen es nur ihrem Vater bringen, damit dieser es dem Köhler zurückgeben kann. Du brauchst also die Macht dieses Schwertes, auch wenn es sich nicht mehr in deiner Hand befindet, nicht zu fürchten. Du verlierst bei dem Tausch nichts, im Gegenteil, deine gute Tat ist vielmehr dazu angetan, dir noch mehr Glück zu bringen."

Der Reiter ließ sich durch die Worte des Schäfers überzeugen, und der Tausch wurde vollzogen. Darauf trennten sie sich.

Während ihres Heimritts meinte der Ältere: „Wir wollen den Alten verständigen. Das sind wir ihm schuldig. Er hat uns schließlich in der Sache am meisten geholfen. Aber so sehr sie auch suchten, sie konnten das Anwesen nicht finden. Es war und blieb wie vom Erdboden verschwunden. Von ihren Eltern wurden sie mit Jubel begrüßt, und als sie ihrem Vater gar das Schwert aushändigten, war dieser nicht mehr zu halten. Er ging, um den Köhler zu suchen. Kaum hatte er den Wald betreten, da kam ihm dieser schon entgegen. „Du wunderst dich gewiss," sagte der Köhler, „mich hier so schnell zu treffen. Aber deine Söhne haben mir viele Monate redlich gedient, und da sie auch sonst ohne Fehl sind, musste ich ihnen wohl helfen. Grüße sie von dem Alten und dem Schäfer." Der Schmied übergab ihm das Schwert, doch bevor er ein Wort sagen konnte, war der Köhler verschwunden. Später gab es im Hause ein großes Erzählen. Die Brüder hatten viel zu berichten, aber erst als der Schmied die Worte des Köhlers wiederholte, wurde ihnen der Zusammenhang klar. Am nächsten Tag gingen sie gemeinsam wieder an ihre Arbeit. Bald waren die Hacken und Spaten des Schmieds wieder so begehrt wie ehedem. Der Schmied kam wieder zu Wohlstand; aber seine Frau hatte alle hochmütigen Wünsche begraben. „Wozu brauchen wir eine Kutsche," sagte sie, „wir können auch zu Fuß in die Kirche gehen."

So lebten sie viele Jahre. Eines Tages hielt ein Reiter vor der Schmiede, um sein Pferd neu beschlagen zu lassen. Der Mann kam den Brüdern bekannt vor, sie erinnerten jedoch nicht, wo sie ihn gesehen hatten. Auch der Reiter glaubte, den Brüdern schon einmal begegnet zu sein, wusste aber auch nicht wo. Sie kamen ins Gespräch, und dabei stellte es sich heraus, dass es der Reiter mit dem Schwert war. Die Brüder baten ihn, doch einige Tage zu bleiben. Der Reiter willigte ein. Aus den Tagen wurden Wochen, aus den Wochen Monate, und als die Brüder ihm nahelegten, doch sein Wanderleben ganz aufzugeben, gab er nach und blieb für immer.

Häufig ging er mit dem Schmied in den Wald, in der Hoffnung, den Köhler zu treffen, um diesem auch das zweite Schwert auszuliefern. Aber der Köhler ließ sich nicht mehr blicken. Da kamen sie überein, Spaten aus dem Schwert zu machen. „Es ist besser so!" meinte der Schmied. „Einmal hat ein Schwert großes Unglück über meine Familie gebracht, das soll nicht wieder geschehen." Auch der Reiter war einverstanden, und er hat seinen Entschluss niemals bereut. Sie alle lebten noch viele Jahre einträchtig und zufrieden. Dann starb die Frau des Schmieds, bald darauf der Reiter, diesem folgte der Schmied. Auf der Grabstätte errichteten die Brüder ein großes schmiedeeisernes Schwert. Die Brüder sind jetzt schon viele Jahre verheiratet. Ihre Kinder wachsen heran. Die Söhne erlernen das Handwerk ihrer Väter. An langen Winterabenden sitzen die Familien um das Herdfeuer. Die Brüder müssen dann die Geschichte des Schwertes wieder und wieder erzählen.

Die überlistete Sonne

Seit Wochen schien die Sonne nun schon ohne Unterlass. Die Felder klagten, Roggen und Hafer klagten und ließen ihre Köpfe hängen. Die Wiesen lagen vertrocknet da, und die sonst so lustigen Sumpfdotterblumen machten ein überaus betrübtes Gesicht und büßten viel von ihrer leuchtenden Farbe ein. Alles lechzte nach Wasser. Das Wiesenschaumkraut fragte die in der Nähe stehende Weide, warum der Fluss so geizig sei; in früheren Jahren habe er sie doch gut mit Wasser versorgt. Die Weide mit ihren tiefgehenden Wurzeln war etwas besser dran, trotzdem wusste auch sie, wie weh der Durst tat, aber eine Auskunft konnte sie deshalb doch nicht geben. Sie fragte die Mücken, die ohne Unterlass in der von Hitze flimmernden Luft ihren Reigen tanzten. Aber die Mücken waren viel zu sehr mit ihrem Spiel beschäftigt, als dass sie die Frage der Weide gehört hätten. Schwalben kamen und jagten die Mücken. Auch sie überhörten in ihrem schnellen Flug die Frage der Weide. „Weißt du immer noch nichts?“ fragte das dünne Stimmchen des Wiesenschaumkrauts, „ich komme noch um vor Durst. Hoffentlich geht die Sonne bald unter. Dann kommt der Nebel; der meint es gut mit uns und schenkt uns wenigstens etwas Feuchtigkeit.“ Als die umstehenden Pflanzen das Wort „Feuchtigkeit“ hörten, seufzten sie vernehmlich. An dem durch die Wiese führenden Weg stand ein Löwenzahn. Der Löwenzahn war ein robuster Gesell. Er schickte seine Wurzeln tief in die Erde und fand, wenn die übrigen Pflanzen schon lange Durst litten, immer noch etwas Feuchtigkeit. Bei der jetzt herrschenden Dürre kamen auch ihm Bedenken, und als ein Zitronenfalter sich auf seine Blüte niederließ, bat er diesen, sich auf seinem Fluge doch umzuhören und Erkundigungen einzuziehen. Der Zitronenfalter versprach, seine Fühler auszustrecken. Bald darauf geriet er jedoch einer Kreuzspinne ins Netz und verlor sein Leben. Als die Sonne blutigrot unterging, atmeten die Pflanzen auf. Doch die Weide wusste, was das Abendrot bedeutete, und meinte: „Das sieht nicht nach Regen aus. Morgen wird uns die Sonne wieder gehörig zusetzen." Das Wiesenschaumkraut fragte verzweifelt: „Wenn es nicht regnen will, warum bringt uns der Fluss kein Wasser?" Die Weide musste lachen. „Du Dummerchen, ohne Regen kann uns der Fluss kein Wasser bringen." Das verstand das Wiesenschaumkraut nicht, war aber viel zu schlaff, eine neue Frage zu stellen.

Als es dunkel geworden war, kamen zwei Menschen des Wegs. Unter der Weide machten sie halt und lagerten. Sie öffneten die Ränzel und trafen Anstalten, ihr Abendbrot zu verzehren. Sie sammelten trockenes Gras, brachen einige verdorrte Zweige von der Weide und machten ein Feuer, um sich ihren Tee zu kochen. Während sie aßen, kamen sie auf die im Lande herrschende Trockenheit zu sprechen. Der eine meinte: „Und dabei ist es gar nicht einmal so schwer der Tochter des Wettermachers zu helfen. Aber die Sonne gibt nicht nach, und solange die Tochter dasitzt und Trübsal über ihre verlorene Schönheit bläst, solange wird er nicht daran denken, es regnen zu lassen." „Ja, ja," meinte der andere, „wenn nicht bald etwas geschieht, werden die Menschen noch Hungers sterben."

Der Weide war kein Wort entgangen, und sie wartete darauf, dass die Männer ihre Unterhaltung fortsetzten, denn noch wusste sie nicht, welche Bewandtnis es mit der Sonne, dem Wettermacher und seiner Tochter hatte. Aber die Männer dachten nicht daran; sie zogen aus ihren Rucksäcken jeder eine Decke, breiteten diese aus und legten sich zum Schlafen nieder. Als sie in aller Frühe ihren Marsch fortsetzten, war die Weide noch gerade so klug wie am gestrigen Abend. Aber sie tröstete sich, immerhin hatte sie etwas in Erfahrung gebracht. Den ersten Vogel, der sich auf ihr niederließ, bat sie, doch schnell zu den Menschen zu fliegen, um ihnen zu sagen, sie, die Weide, könne ihnen wahrscheinlich behilflich sein, der schrecklichen Trockenheit ein Ende zu machen. Der Vogel flog davon, und bald schon hörte man Pferdegetrappel. Da kam der Vogel auch schon zurück, gefolgt von vier Männern, einem Vater und seinen drei Söhnen. Vor der Weide machten die Reiter halt. „Du hast uns durch den Vogel rufen lassen. Wenn du ein Mittel kennst, die Trockenheit zu beenden, dann sprich! Menschen und Vieh sind nahe am Verdursten, und wie es auf den Feldern aussieht, weißt du selbst." Die Weide antwortete, dass sie ihnen leider nichts Genaues sagen könne, aber gestern Abend seien zwei Männer dagewesen, die hätten so allerlei von einem Wettermacher und seiner Tochter erzählt; und der eine hätte sogar gemeint, er wisse schon ein Mittel, die Tochter des Wettermachers wieder zum Lachen zu bringen, um ihr damit wieder zu ihrer Schönheit zu verhelfen.

„Wir wollen reiten," entschied der Vater, „jeder in einer anderen Richtung, und die beiden Männer suchen, damit sie uns ihr Geheimnis verraten. Heute Abend, kurz bevor die Sonne untergeht, treffen wir uns wieder hier bei der Weide." Alle vier stoben davon, der eine nach Süden, der andere nach Norden, der dritte nach Osten und der vierte nach Westen.

Auch die Blumen hatten das Gespräch gehört. Sie erzählten es weiter, und bald wusste die ganze Wiese davon. Sie hoben ihre Köpfe und hielten nach Regen Ausschau: Aber nirgends war eine Wolke zu erblicken, und die Sonne brannte genauso unbarmherzig wie all die Tage zuvor. Das Wiesenschaumkraut fragte die Weide wohl an die zwanzigmal, ob noch immer keine Wolke heraufziehe. Die Weide wäre so schön groß und könne bedeutend weitersehen. Die Weide antwortete jedes Mal geduldig: „Nein, mein Kleines, ich sehe immer noch keinen Regen heraufkommen."

Gegen Abend, zur festgesetzten Stunde fanden sich die Reiter wieder ein, aber keiner hatte die beiden Männer zu Gesicht bekommen. Nun waren sie wieder genau soweit wie ehedem. „Wir müssen den Wettermacher aufsuchen und ihn fragen, wie wir ihm helfen können," meinte der jüngste

Sohn. Aber sie wussten nicht, wo der Wettermacher zu finden sei. Auch die Weide hatte keine Ahnung. Da beschlossen sie, wieder zu reiten, jeder in einer anderen Richtung. Nach drei Tagen, um dieselbe Zeit, wollten sie sich wieder unter der Weide treffen.

Ungefähr zur gleichen Zeit kamen die drei Brüder zurück. „Ich habe den Wettermacher nicht gefunden," sagte der älteste; der zweite sagte: „Ich auch nicht," und der dritte hatte auch nichts erreicht. Sie standen mutlos herum und warteten auf ihren Vater. Endlich sahen sie ihn herankommen. Er winkte schon von weitem. Das nahmen sie als ein gutes Zeichen. Und wirklich, er hatte das Heim des Wettermachers gefunden und auch mit ihm gesprochen. „Aber," so berichtete er weiter, „es ist eine schwierige Aufgabe, die da zu lösen ist, und ich glaube kaum, dass es uns gelingen wird." Nach diesen Worten stieg er vom Pferd und legte sich ins Gras. „Sicher werden wir alle elend umkommen; denn der Wettermacher wird uns nicht eher wieder einen Tropfen Wasser spenden, bevor nicht seine Tochter geheilt ist."

Nun wollten die Söhne mehr wissen, vor allen Dingen, was zu tun sei, um den Starrsinn des Wettermachers zu brechen. Der Vater forderte seine Söhne auf, sich zu ihm zu setzen. „Hört gut zu," sagte er dann, „was ich euch jetzt sage. Nachher mag dann jeder sehn, ob es ihm gelingt, einen Ausweg zu finden. Der Wettermacher hat irgendeinen bösen Streit mit der Sonne gehabt, und um sich zu rächen, hat die Sonne seine Tochter verzaubert. Die Tochter sitzt jetzt mutlos da, spricht kein Wort mehr und hat alles Lachen verlernt. Dazu ist sie grundhässlich geworden. Auf einem dicken, geschwollenen Körper sitzt ein unförmiger Kopf, aus dem die Augen weit hervorquellen. Als ich das arme Mädchen sah, tat es mir bitter leid. Nun hat die Sonne dem Wettermacher jedoch gesagt, dass seine Tochter erlöst werden könne, wenn es ihm gelinge, sie am Tage für eine Stunde vor ihren sengenden Strahlen zu schützen." „Das ist doch ganz einfach," unterbrach ihn sein jüngster Sohn, „der Wettermacher stellt sich einfach so, dass sie in seinem Schatten sitzt." „Du musst mich ausreden lassen," fuhr sein Vater fort. „Wenn es so einfach wäre., dann würde der Wettermacher nicht dasitzen und grübeln, dass er sogar darüber seine Arbeit vergisst. Nein, die Sonne hat zur Bedingung gemacht, dass der Schatten von keinem lebenden Wesen herrühren dürfe. Und da er über den Wolken wohnt, können diese ihm ja auch gar nicht helfen. Und sonst gibt es da oben nichts, was Schalten spenden könnte. Immer und ewig erstrahlt der Himmel in gleichmäßigem Blau.

Nun war guter Rat teuer. „Ich hab's", sprach der Älteste. „Wir werden ein großes Segel nähen und die Vögel bitten, damit hinauf zur Tochter des Wettermachers zu fliegen. Im Schatten dieses Segels kann sie dann verweilen, bis der Bann gebrochen ist." Der Vorschlag fand den Beifall der anderen.

Die Brüder begaben sich sofort an die Arbeit. Sie holten alles Leinen zusammen, dessen sie habhaft werden konnten, und baten die Frauen und Mädchen ihrer Nachbarschaft, ihnen heim Nähen des Segels behilflich zu sein. In kurzer Frist hatten sie ein schönes großes Segel fertiggestellt. Nun riefen sie die Vögel zusammen, schilderten diesen die Bedrängnis des Wettermachers und das Leid seiner Tochter; auch machten sie die Vögel darauf aufmerksam, dass, wenn nicht bald Regen fiele, es auch mit ihrer Nahrung zu Ende ginge. Die Vögel sahen alles ein und erklärten sich bereit, mit dem Segel zur Tochter des Wettermachers zu fliegen. Auf ein Zeichen der Brüder ergriffen die Vögel mit ihren Krallen das Segel, und versuchten, sich damit in die Luft zu erheben. Doch wie sie auch flatterten und sich abmühten, das Segel war für ihre schwachen Kräfte viel zu schwer. „Verfertigt uns ein leichteres Segel! Wir werden es dann nochmals versuchen", erklärten die Vögel und ließen die Brüder allein. „Wir wollen die Elfen bitten, dass sie uns ein großes Gewand machen", meinte der Älteste. Die Brüder suchten die Elfen auf und klagten denen ihr Leid. Die Elfen ließen alle andere Arbeit liegen und begannen zu weben.

Das Gewand wurde so leicht, dass der leiseste Windhauch es bewegen konnte. Wieder kamen die Vögel. Diesmal gelang es ihnen, mit dem Gewebe von der Erde freizukommen. Sie flogen immer höher und höher. Schon glaubten die Brüder, ihr Plan sei gelungen. Da kam jedoch ein Windstoß und zerriss das Gewebe in tausend Fetzen. Als die Brüder auch diesen ihren Plan vernichtet sahen, wurden sie mutlos.

Am nächsten Tag kam der Zweitälteste mit einem neuen Vorschlag. Er sagte: „Wir wollen so viele Pfeile auf einmal abschießen, dass die Sonne davon verdunkelt wird. Er forderte seine Brüder auf, ihm bei der Herstellung der Bogen und Pfeile behilflich zu sein. Als sie eine genügende Anzahl hergestellt hatten, riefen sie alle Nachbarn wieder zusammen, stellten sie in einer Reihe auf und zeigten ihnen die Richtung, in der sie schießen sollten. Der zweitälteste Sohn sagte: „Ich zähle bis drei. Bei eins spannt ihr die Sehne, bei zwei zielt ihr und bei drei lasst ihr den Pfeil fliegen.“ Nachdem er ihnen alles genau erklärt hatte, gab er das Kommando. Die Pfeile flogen so dicht, dass man die Sonne nicht mehr sehen konnte. Aber die menschliche Kraft reichte nicht aus, die Pfeile hoch genug fliegen zu lassen. Weit vor dem Ziel verloren sie ihren Schwung und fielen zur Erde zurück. Nun wussten die Brüder wirklich nicht, was sie machen sollten. Aber es musste etwas geschehen. Die Trockenheit hatte derart zugenommen, dass auch der sonst so wasserreiche Fluss fast ausgetrocknet war. Die Früchte auf dem Felde verdorrten und selbst dem sonst so zähen Löwenzahn wurde angst und bange, und er rechnete damit, eines genauso elenden Todes zu sterben wie das Wiesenschaumkraut. Die Weide hielt jeden Tag vergebens nach einer Regenwolke Ausschau. Durch die Vögel hatte sie von den vergeblichen Bemühungen der Brüder vernommen. Als ihr nun der Fehlschlag des letzten Versuches bekannt wurde, gab auch sie alle Hoffnung auf.

Der jüngste der drei Brüder hatte viele Tage dagesessen und gegrübelt. „Ich glaube, ich weiß was“, sagte er eines Morgens, „aber ihr werdet mich gewiss auslachen". Die Brüder meinten, er solle ruhig sprechen, sie würden sich bestimmt nicht über ihn lustig machen. Er sagte: „Wir könnten den Sterngucker in der Hirschgasse fragen, vielleicht weiß der einen Rat." „Der?" lachten die Brüder, und der eine tippte mit dem Zeigefinger auf die Stirn, „der weiß höchstwahrscheinlich noch nicht einmal, dass wir schon solange auf Regen warten." „Ich glaube auch nicht", meinte der Vater, „dass der uns helfen kann; aber versuchen sollten wir alles." „Dann geht nur hin", meinten die Brüder. Da machten sich der Vater und der Jüngste nach der Hirschgasse auf und stiegen dort die vier Treppen zum Sterngucker empor. Der Sterngucker war, wie fast immer, daheim. Ein kleines mageres Männchen mit einem klugen Gesicht und einer Brille auf der gebogenen Nase öffnete ihnen die Tür und führte sie in seine Stube. Außer den vielen Büchern, die auf Regalen an den Wänden standen, enthielt das Zimmer noch ein Fernrohr, einen Tisch, einige Stühle, ein einfaches, mit rotkariertem Stoff überzogenes Bett und einen kleinen eisernen Ofen, der gleichzeitig als Kochgelegenheit diente. Die Decke bestand zum Teil aus Glasscheiben, so dass er Tag und Nacht den freien Himmel über sich hatte. „Was führt euch zu mir?" fragte das Männchen, nachdem er sich von seiner Verwunderung über den Besuch zweier ihm fremder Personen erholt hatte. Da erzählten sie ihm von ihrer Not, dass die Früchte auf dem Acker verdorrten und dass der Wettermacher es nicht eher wieder regnen lassen wolle, bis seine Tochter erlöst sei. Auch ihre bisherigen Bemühungen, dem Wettermacher zu helfen, verschwiegen sie nicht. Das Männchen staunte. Es sah fürwahr so aus, als ob ihm wirklich alles neu sei. „Und was soll ich dabei tun?" fragte er erstaunt und schob seine Brille auf die Stirn. Aber dann lächelte es: „Ihr habt Glück. Den ersehnten Schatten kann ich euch schaffen." Ungeduldig fragte der jüngste Sohn: „Bald?"

Wieder musste das Männchen lachen. „Morgen schon, morgen Vormittag um 11 Uhr. Ihr wisst, dass der Mond sich um die Erde bewegt?“ „So sagt man“, gab der Vater zur Antwort. „Sagt man?“ Dabei schaute das Männchen den Vater erstaunt an, als wenn es sagen wollte: „Na, du bist mir aber ein ganz Schlauer.“ Es fuhr fort: „So ist es, und seht, wenn es so ist, dann kommt's, dass einmal der Mond zwischen Sonne und Erde steht. Und das ist morgen Vormittag um 11 Uhr.“ Vater und Sohn sperrten Mund und Ohren auf. „Das wisst Ihr im Voraus?“ „Das habe ich errechnet“, gab das Männchen zurück, als wenn es das Einfachste von der Welt wäre.

„Aber um 11 Uhr ist der Mond ja gar nicht da“, meinte der Vater, und glaubte etwas ungeheuer Kluges gesagt zu haben. „Meint ihr, weil ihr ihn nicht seht? Aber er ist da!“, sagte das Männchen, in einem Ton, der keinen Widerspruch zuließ. „Ja — aber was nützt uns das?“ fragten die beiden verständnislos. Das Männchen erklärte ihnen, dass dann für eine Stunde der Schatten des Mondes auf die Erde falle. „Auch auf das Heim des Wettermachers?“ wollten die beiden nun wissen. „Natürlich, über das geht er auch hinweg“, beruhigte er sie. Nun wollte der Vater noch wissen, ob der Schatten auch eine ganze Stunde anhalte. Auch darüber konnte das Männchen ihm eine zufriedenstellende Auskunft geben. Aber noch waren beide nicht ganz überzeugt. „Und das wisst Ihr im Voraus?“ „Das ist meine Wissenschaft“, gab das Männchen zurück und richtete sich dabei ordentlich auf. Der Sohn meinte noch: „Da ist uns ja geholfen; denn das ist doch ohne Zweifel ein Schatten, der nicht von etwas Lebendem kommt.“ Der Sterngucker bestätigte lächelnd: „Ja, ja; daran hat die Sonne nicht gedacht, oder sie hat gedacht, die Menschen würden das nicht merken.“

Als die beiden daheim ihre Unterhaltung mit dem Sternengucker erzählten, schüttelten die Brüder den Kopf. „Und das glaubt ihr?“ Der jüngste Bruder verteidigte den alten Mann und meinte, sie sollten wenigstens bis morgen warten.

Um die Mittagszeit des nächsten Tages fiel den Brüdern auf, dass sich aller Tiere eine plötzliche Unruhe bemächtigte. Die Vögel flatterten hin und her, als wüssten sie nicht recht wohin. Die Pferde scheuten bei der geringsten Kleinigkeit und wären am liebsten durchgegangen. Auch in der Landschaft gab es gewisse farbliche Veränderungen. Alles Leuchtende wurde stumpfer. Die Brüder hatten den Eindruck, als sähen sie die Landschaft durch ein Stück rauchgeschwärztes Glas. Es war ihnen seltsam zu Mute, gerade, als ständen sie vor einem schweren Gewitter oder einer anderen Naturkatastrophe. Doch bald kamen sie dahinter, was diese seltsamen Veränderungen zu bedeuten hatten. Der Mond legte einen gewaltigen Schatten auf die Erde. Nachdem die Erscheinung über eine Stunde angehalten hatte, bekam die Landschaft langsam wieder ihr altes Aussehen. Auch bei den Tieren verschwand die Unruhe.

Sogar dem Wettermacher war die Veränderung aufgefallen — trotz seines Trübsinns. Er stutzte; dann sah er, wie sich ein Schatten, der langsam größer und größer wurde, heranschob und seine Tochter einhüllte. Da wurde er hellwach, und was er nun sah, erfüllte ihn mit neuem Lebensmut. So wie der Schatten ihren Körper überzog, gingen die Schwellungen zurück, ihre Glieder bekamen, je mehr sie der Schatten bedeckte, ihre natürlichen Formen wieder, die Haut wurde wieder glatt, das Rot ihrer Wangen kehrte zurück, und als der Schatten wieder verschwunden war, stand sie genau so schön wie ehedem vor ihrem überglücklichen Vater. „Komm“, sagte dieser zu seiner Tochter, „ich muss sofort an die Arbeit. Ich habe viel zu tun. Du kannst mir gut dabei helfen.“

Zu ihrer grenzenlosen Freude sahen die Menschen gleich darauf Wolken am Himmel aufziehen, und nach kurzer Zeit fielen tatsächlich die ersten Tropfen, die ersten Tropfen nach langer, banger Zeit. Und der Wettermacher holte das Versäumte nach: er ließ es drei Tage lang regnen, und die durstige Erde trank, trank, und ihre fast verdursteten Geschöpfe taten dasselbe. Die kluge Sonne war überlistet worden. Alles atmete wieder auf. Die Menschen zeigten glückliche Gesichter, als hätten sie eine lange und schwere Krankheit hinter sich gebracht. Die Vögel sangen wieder, die Weide reckte ihre Zweige zu neuem Leben, die Wiese legte sich wieder ein frisches grünes Kleid zu, Sumpfdotterblume und Löwenzahn trieben neue Blüten, nur das Wiesenschaumkraut rührte sich nicht wieder. Während der Trockenheit hatte es sein kleines Leben ausgehaucht.

Der Bauer mit dem harten Herzen

Vor vielen Jahren lebte einmal ein Bauer, der einen sehr großen Hof besaß. Zu diesem gehörten riesige Wälder, weite Felder und Wiesen und ungeheuer viele Kühe, Schafe und Schweine und so viele Hühner und Tauben, dass man sie gar nicht zählen konnte. Um die große Schar seiner Knechte und Mägde kümmerte er sich herzlich wenig; aber sie mussten arbeiten vom frühen Morgen bis zum späten Abend und erhielten, obwohl sie fleißig und willig waren, geringes Essen und noch weniger Lohn. Dabei wäre es ihm ein Leichtes gewesen, sie gut zu ernähren und gut zu kleiden, denn der Hof warf viel ab. Hatten andere Bauern infolge Hagelschlags, Frost oder Seuchen unter dem Vieh ein schlechtes Jahr — seine Ländereien blieben verschont, sein Vieh blieb gesund. Das machte ihn noch stolzer und sein Herz noch härter.

Um seine Nachbarn kümmerte er sich nicht. In seinem Stolze sagte er: „Ich bin nicht auf ihre Hilfe angewiesen, jeder mag sehen, wie er fertig wird.“ Betrat ein Handwerksbursche seinen Hof und erbat eine Mahlzeit oder ein Nachtlager, dann hetzte er, wenn dieser nicht sofort kehrt machte, die Hunde auf ihn. Sein hartes und mitleidloses Herz war weithin bekannt; jeder mied ihn und bedauerte die Knechte und Mägde, die ihm dienten. „Wo bei anderen Menschen ein Herz schlägt,“ so sagten sie, „sitzt bei ihm ein Stein.“ Am meisten nahm es sie jedoch wunder, dass bei ihm alles aufs beste gedieh. Offensichtlich lag über seinem Hof die schirmende Hand Gottes, und mancher, dem ein Hagelschlag die Roggenernte vernichtete oder den ein anderes Ungemach ereilte, wollte schier an Gott verzweifeln. Andere waren der Meinung, dass es bei ihm nicht mit rechten Dingen zugehe; aber soviel sie sich auch umhörten, sie konnten nichts dergleichen in Erfahrung bringen.

Im Winter, an einem sehr kalten Dezembertag, kurz vor Weihnachten, ging der Bauer in den Wald, um festzustellen, wie weit seine Knechte beim Holzschlagen vorangekommen seien. Der Schnee lag kniehoch. Das Gehen war mühsam, und ihm wurde trotz der Kälte ziemlich warm. Während er daher stapfte und im Stillen nachrechnete, was das Holz wohl einbringen werde, wurde er plötzlich von einer alten Frau angesprochen. Obwohl er einen ordentlichen Schreck bekam, beruhigte er sich schnell wieder, erst recht, nachdem er festgestellt hatte, dass es sich nur um eine kümmerlich gekleidete Alte handelte. Unter der Last einer großen Kiepe, einem großen, aus Weidenruten geflochtenen Korb, stand sie gebeugt vor ihm. Ihre Hände lagen auf einem kurzen Eichenstecken. Sie blickte ihn von unten herauf an und sagte: „Ihr seid ein starker und kräftiger Mann, bitte, tut mir die Liebe und tragt die Kiepe bis zur nächsten Kreuzung. Ich habe meinen alten Knochen zu viel zugemutet; Euch hingegen ist's ein Leichtes. Vielleicht," dabei schlug sie ihr Tuch etwas zurück und kicherte, „kann ich Euch ein andermal behilflich sein." „Hab' keine Zeit," antwortete der Bauer grob und wollte gehen.

Aber die Alte gab ihm den Weg nicht frei. Sie hob ihren Stecken und meinte: „Ihr seid ein harter Mann. Nehmt Euch nur in Acht, damit Euch das Schicksal nicht ereilt." „Das lasst nur meine Sorge sein," gab der Bauer zur Antwort und versuchte sie beiseite zu drängen. „Ich warne Euch, Bauer, treibt's nicht zu weit," antwortete die Alte mit einer Stimme, die er ihr nicht zugetraut hätte. Nun wurde der Bauer ärgerlich. „Platz da, sage ich!" Weiter kam er nicht. Die Alte berührte ihn mit ihrem Stecken. „So bleibt stehen, wo Ihr steht und werdet hart wie Euer Herz, werdet zu Stein!" Nach diesen Worten drehte sich die Alte um und ging ihres Wegs. „Deine Worte schrecken mich nicht," rief er ihr nach, doch als er gehen wollte, merkte er, dass er keinen Fuß mehr zu rühren vermochte. Kalt stieg es ihm von unten herauf. Er bückte sich und betastete seine Beine. Die waren kalt und hart wie Stein. Nun bekam er Angst und begann jämmerlich zu rufen. Aber kein Mensch hörte ihn, wohl aber fühlte er, wie die Kälte ständig höher stieg.

Als es dunkel zu werden begann, kamen seine Knechte aus dem Wald. Sobald er ihrer ansichtig wurde, rief er sie an. Sie kamen gelaufen, konnten ihm aber auch nicht helfen. Inzwischen waren seine Beine zu Stein geworden. Er stand da wie ein Denkmal auf einem steinernen Sockel, fest und unverrückbar. Die Nacht zog herauf und mit ihr Kälte und Schnee. Die Knechte mussten ihm ihre Mäntel geben, aber sie wärmten ihn nicht. Da begann der Bauer gottesjämmerlich zu fluchen und verwünschte die Alte ein um das andere Mal. Die Knechte verstanden ihn nicht und glaubten, sein Verstand habe gelitten. Doch je mehr er tobte und Gott lästerte, desto höher stieg die Kälte, und er fühlte, wie er mehr und mehr zu Stein wurde. Er befahl seinen Knechten, ein Feuer zu entfachen, aber auch dieses vermochte den Bauer nicht zu erwärmen. Obwohl sie mehrmals versuchten, ihn vom Boden zu lösen, führten ihre Anstrengungen zu nichts, höchstens dass der Bauer noch mehr fluchte. Schließlich blieb ihm nichts anderes übrig, als die Nacht draußen zu verbringen. Zwei Knechte mussten bei ihm bleiben, um während der Nacht Holz nachzulegen. Und es wurde eine bitterkalte Nacht. Die Sterne standen am Himmel und funkelten. Das ärgerte den Bauer. Er war müde geworden. O, wie sehnte er sich nach seinem warmen Bett! In seiner Ohnmacht brüllte er seine Knechte an und befahl ihnen, noch mehr Holz aufzulegen. Und bei jedem neuen Fluch, den er ausstieß, fühlte er, wie die Kälte weiter stieg.

Am nächsten Morgen trug er seinen Knechten auf, Schaufel; Hammer und Meißel zu holen. Als sie den Stein, auf dem er stand, vom Schnee freigeschaufelt hatten, mussten sie diesen so lange mit Meißel und Hammer bearbeiten, bis sie den Bauern losgeschlagen hatten, Sie luden ihn dann auf einen Wagen und fuhren heimwärts, Während dieser Zeit schimpfte der Bauer ständig; nichts ging ihm schnell genug. Am meisten aber ärgerte er sich darüber, dass er sich nicht bewegen konnte und es über sich ergehen lassen musste, dass sich seine Knechte im geheimen über ihn lustig machten, denn das taten sie, wie er an ihren Mienen und Gebärden feststellte. Im Hause angekommen, ließ er sich sofort ins Bett tragen und erteilte den Auftrag, seine Kammer ordentlich zu heizen. Aber alle Wärme half nichts. Und da er weiterhin wetterte und fluchte, wurde er immer steifer. Schon war er bis zum Nabel kalt und hart wie Stein.

Einige Wochen lag er nun schon im Bett, aber sein Befinden wurde und wurde nicht besser. Von einem Doktor wollte er nichts wissen. „Die Krankheit ist mir über Nacht zugeflogen, da muss sie über Nacht auch wieder verschwinden“, meinte er und schickte einen Fluch hinterher. Und jedes Mal wurde etwas mehr an ihm zu Stein.

Langsam rückte der Frühling ins Land. Der Schnee schmolz, und das Eis taute, das Gras wurde wieder grün, und Anemonen und Primeln zeigten ihre ersten Blüten. Eines Tages kam ein Knecht mit einer großen Neuigkeit. „Ihr kennt doch die Stelle, an der wir im letzten Winter den Bauer fanden? Der Stein, auf dem er angewachsen war, liegt jetzt offen da, und was meint ihr, was auf ihm zu lesen steht? „Was soll schon draufstehen?“ antwortete ein anderer Knecht. „Ihr denkt“, gab der erste zurück, „ich wolle euch foppen? Nein, kommt nur mit, und seht euch die Sache an. Und überall ist das Gras bereits grün, aber um den Stein herum ist es noch braun und ohne Leben, und der Boden ist dort hart wie Stein, gerade als wäre noch der Frost darin.“

Die Knechte und Mägde machten sich auf den Weg. Und richtig, sie fanden alles genau so, wie der Knecht es beschrieben hatte. Die auf dem Stein nur schwach sichtbaren Buchstaben waren schwer zu entziffern. Aber ihren vereinten Kräften gelang es schließlich doch. Die Worte lauteten:

> „Gutes tun und Böses meiden, das bewahrt vor vielen Leiden.“

Mit dem Spruch wussten sie nicht viel anzufangen. Schließlich meinte einer der Knechte, es könne nicht schaden, den Bauer davon in Kenntnis zu setzen. Aber keiner fand den Mut dazu. Jeder befürchtete irgendeine Bosheit. Endlich erklärte sich die Magd, die ihn täglich versorgte, und die ohnehin manch bitteres Wort einstecken musste, dazu bereit. „Umbringen wird er mich schon nicht", meinte sie und öffnete die Kammertür. Der Bauer lag wie immer im Bett, bis zum Hals zugedeckt. Den Kopf konnte er gerade noch bewegen, während sein übriger Körper, der inzwischen vollständig zu Stein geworden war, steif dalag. „Was willst du?" fuhr er die Magd an. Die Magd achtete seiner Grobheit nicht. Sie trat an sein Bett und meinte: „Noch könnt Ihr den Kopf ein wenig bewegen, aber bald wird auch das nicht mehr gehen. Dann ist das Ende da." Diese Worte schienen auf den Bauer doch irgendwie Eindruck zu machen, denn statt eines unflätigen Wortes, das die Magd erwartet hatte, antwortete er: „Du glaubst also auch, dass es mit mir zu Ende geht? Und wenn ich erst unter der Erde liege, dann atmet ihr wohl auf?" „Da irrt Ihr, Bauer", gab die Magd unerschrocken zurück, „Als Ihr noch gesund waret und uns durch Eure Schimpfereien das Leben verdarbet, hat mancher Euch den Tod gewünscht, aber nun, da Ihr hier liegt und kein Glied mehr rühren könnt, haben wir Mitleid mit Euch." „Mitleid? Mitleid mit mir murmelte er vor sich hin. „Mitleid?" Er konnte es nicht fassen und fühlte eine seltsame Regung in sich aufsteigen. Auch glaubte er, seinen Kopf plötzlich besser als bisher bewegen zu können. Die Magd fuhr fort: „Geht in Euch, Bauer! Vielleicht gibt's doch noch eine Rettung. Ihr kennt doch den Stein, von dem man Euch letzten Winter herunterschlug? Hört zu, was auf diesem geschrieben steht:

> „Gutes tun und Böses meiden, das bewahrt vor vielen Leiden."

Nachdem die Magd geendet hatte, machte der Bauer „hm" und meinte: „Ich könnt's ja einmal versuchen und", er stockte, denn das nächste Wort wollte ihm nicht über die

Lippen: „Gutes tun! Aber sagt mir, wie ich es anstellen muss, dieses — Gute — zu tun?“ Gerade als die Magd antworten wollte, kam ein Knecht aufgeregt in die Kammer gestürzt und meldete, dass der große Braune, das Lieblingspferd des Bauern, mit gebrochenem Fuß auf dem Felde liege und erschossen werden müsse. „Gutes tun!

Gutes tun!“ brüllte der Kranke, „tut mir jemand etwas Gutes? Mein Brauner liegt draußen und muss erschossen werden. Da soll ich Gutes tun?“ und wäre, wenn er gekonnt hätte, aus dem Bett gesprungen. Aber er konnte sich nicht rühren und der Kopf, der sich eben noch gut bewegen ließ, schien nun auch langsam zu Stein zu werden. Der Knecht schaute die Magd an und diese den Knecht, und beide wussten nicht, was sie sagen sollten und verließen den Bauer, der inzwischen still geworden war und mit vor Zorn gerötetem Kopf da lag.

Nun wurde es mit dem Bauer schlimmer als je zuvor. Er schimpfte, wetterte und fluchte den lieben langen Tag. Jeder Knecht und jede Magd mussten bei ihm in der Kammer erscheinen und ihm berichten. Aber er fand bei allem etwas auszusetzen. Niemand konnte ihm mehr etwas rechtmachen. Dabei verschlimmerte sich sein Zustand ständig. Kaum, dass er noch die Lippen voneinander bekam.

Wenige Tage später wusste ein Knecht von dem Stein zu berichten, dass die Stelle, auf der weder Gras noch Blume wachse, sich ständig vergrößere. „Wie eine hässliche Krankheit frisst’s dort um sich“, meinte er „und der Boden wird steinhart. Weder Pflug noch Spaten können mehr in ihn eindringen.“

Seit der Krankheit des Bauern waren allerlei Gerüchte in Umlauf gekommen. Aber man hatte sich nicht viel dabei gedacht. Nachdem nun jedoch die Sache mit dem Stein und der ständig größer werdenden, unfruchtbaren Stelle bekannt geworden war, kam der Bauer, sein gottjämmerliches Fluchen und sein hartes und unduldsames Wesen immer mehr ins Gerede. Neue Gerüchte kamen zu den alten. Jeder sah schwarz und befürchtete das Schlimmste. Der eine meinte: „Es soll mich gar nicht wundern, wenn der Boden bald auch nicht einen Halm mehr hervorbrächte." Ein anderer glaubte zu wissen, dass es bei dem Bauer nicht mit rechten Dingen zugehe. „Wir haben lange genug geschwiegen. Jetzt wird's Zeit, dass wir bei ihm auf den Busch klopfen." „Oh", meinte wieder ein anderer, „vom Klopfen merkt der nicht viel. Dem müssen wir schon anders einheizen. Aber das sage ich euch, wenn die Trockenheit mein Feld erreicht, bekommt er den roten Hahn aufs Dach. Ich werde ihn dann braten und sotten, dass es eine Art hat." So oder ähnlich redeten die Leute. Dem Bauer sagten sie nichts von alledem. Es hätte auch wenig Zweck gehabt, denn seine Krankheit war nun so weit vorgeschritten, dass er kein Wort mehr sprechen konnte, doch verstand er, was sie sagten und zwinkerte mit den Augenlidern, sobald er sie begriffen hatte, aber auch die Augenlider fingen schon an, hart und steinern zu werden.

Die Magd, die nun Tag für Tag um ihn war, dauerte der Bauer. Sie sagte: „Schließlich ist er auch ein Mensch, und kein Mensch ist so schlecht, dass er vor Gott keine Gnade fände. Wenn ich ihn nur dahin bringen könnte, endlich seinen Starrsinn aufzugeben." Mit dem festen Entschluss den Bauer in letzter Minute zur Vernunft zu bringen, betrat sie die Kammer. „Bauer, wenn Ihr hört, was ich sage, dann blinzelt mit den Augen." Der Bauer bewegte zum Zeichen, dass er sie verstanden hatte, die Lider. „Bauer", fuhr sie fort, „Ihr dauert mich, wirklich und wahrhaftig, und es tut mir in der Seele weh, Euch hier noch liegen zu sehen. Versucht's wenigstens einmal, einen guten Gedanken zu fassen! Sollt sehen, es bringt Euch Linderung. Bedenkt, wenn's mit Euch zu Ende geht, so sterbt Ihr nicht wie ein ordentlicher Christenmensch, nein, Ihr versteinert, und Eure Schande bleibt ewig."

Während die Magd auf ihn einredete, wurde die Tür von draußen lautlos geöffnet, und genau so plötzlich wie damals im Schnee stand die Alte im Zimmer. Zuerst wandte sie sich an die Magd und meinte: „Du hast es gut mit ihm gemeint und auch dein Bestes versucht, aber nun bitte ich dich, lass mich mit ihm einen Augenblick allein." Die Alte trat, nachdem die Magd gegangen war, an das Bett des Bauern und sagte: „Die kleine Last ist inzwischen eine große geworden, ob sie noch größer wird liegt bei Euch, Bauer. Noch könnt Ihr vieles, wenn nicht sogar alles retten, aber Ihr dürft nicht mehr länger zögern. In wenigen Tagen werdet Ihr blind und taub sein. Davor hütet Euch, denn das ist das Ende." Nach diesen Worten verschwand sie ebenso lautlos, wie sie gekommen war.

Der Bauer, der jedes Wort der Alten verstanden hatte, empfand plötzlich so etwas wie Reue. „Wenn ich nur wüsste, wie ich's machen müsste," ging es ihm durch den Kopf und schon fing er an, darüber nachzudenken, was er anstellen könne, um wenigstens einige Fehler wiedergutzumachen. Und siehe, je mehr er nachdachte, desto mehr fiel ihm ein, und wenn ihn seine Schuld auch tief bedrückte, so empfand er trotzdem eine stille Freude darüber, seine Vergehen vielleicht noch sühnen zu können. Nachdem er eine ganze Zeit so gelegen und nachgedacht hatte, erinnerte er sich seiner Magd. „Wo mag sie nur stecken?" Er rief nach ihr. Die Magd kam sofort. „Ihr habt mich gerufen, Bauer? Ja ...?" Der Bauer unterbrach sie. „Ich weiß selbst nicht, was mit mir ist. Vorhin, als ich über mancherlei nachdachte, bedauerte ich, nicht mit dir darüber sprechen zu können. Es trieb mich, deinen Namen zu rufen, und siehe, es gelang." Während er noch sprach, versuchte er seinen Kopf zu wenden, auch das gelang. Nun musste die Magd sich zu ihm setzen, und dann erzählte er ihr von den beiden Begegnungen mit der Alten, berichtete von seinen Missetaten und bösen Gedanken und sagte ihr auch, was er alles tun wolle, um diese seine Schuld zu, tilgen. Nachdem er seine Beichte beendet hatte, sagte er: „Lass für heute Abend ein Essen richten, wie es dieser Hof noch nicht gesehen hat. Nimm aus Küche und Keller, was vorhanden ist. Wir wollen diesen Tag festlich begehen." Die Magd machte sich sofort an die Arbeit. Sie rührte, briet und backte, und als die übrigen Knechte und Mägde vom Felde heimkamen und beim Betreten der Diele die guten Düfte in der Nase verspürten, wunderten sie sich. Aber dann erzählte ihnen die Magd, was geschehen war. „Und zum Dank", so schloss sie, „Lässt der Bauer für heute noch ein Fest rüsten. Beeilt euch, das Essen steht sogleich auf dem Tisch." Während der Mahlzeit bestand der Bauer darauf, dass die Kammertür geöffnet blieb. „Ich will hören, was geredet wird, und will auch wissen, wie's euch schmeckt." Später mussten die Knechte und Mägde zu ihm ans Bett kommen. Für jeden hatte er nicht nur ein gutes Wort, sondern auch ein Geschenk. „Wie steht's mit der Heirat?" fragte er den ersten Knecht. „Gebt mir nur rechtzeitig Bescheid. Die Hochzeit wird hier auf dem Hof gefeiert, und ein Paar Pferde nebst Wagen magst du dir jetzt schon aussuchen, sonst passiert's hernach noch, dass du mit den Pferden nicht fertig wirst." Als der Knecht sich bedanken wollte, wies der Bauer ihn zurück. „Nicht du, ich habe zu danken. Ihr habt mehr Geduld mit mir gehabt, als ich mit euch." Dabei lachte er, wie ihn noch keiner hatte lachen sehn.

Der Bauer fühlte etwas, was er bisher noch nicht gekannt hatte. Es war eine Zufriedenheit, ein Glück von einer solchen Größe und Tiefe, dass er darüber seine Leiden vergaß. Aber auch er sollte eine große Überraschung erleben. Seine Brust, seine Arme erwachten zu neuem Leben. Er rief die Magd. „Schau an, schau an!", und dabei winkte und schlenkerte er mit den Händen und war glücklich wie ein Kind. Die Magd stand da und sperrte Mund und Augen auf. Und als bald darauf auch noch bekannt wurde, dass die tote Stelle bei dem Stein ständig kleiner werde, nahm das Staunen kein Ende. Auch die Schrift wurde mit jedem Tag unleserlicher. Die Gerüchte bekamen nun wohl neue Nahrung, aber sie sprachen diesmal nicht gegen, sondern für den Bauer. Dieser erholte sich mehr und mehr. Bald konnte er im Bett aufrecht sitzen und ein wenig später schon mit Hilfe der Magd aufstehen und im Hause umhergehen. Das barsche Wesen hatte er vollkommen abgelegt. Bald gab es in der ganzen Gegend keinen hilfsbereiteren Menschen als ihn. Als er richtig laufen konnte, galt sein erster Weg dem Stein. Von der Schrift war nichts mehr zu sehen, und der bisher tote Boden hatte seine Kraft zurückgewonnen. Das Gras grünte wieder, und die Blumen standen in Blüte. Seine ständig offene Hand wurde schnell in der Gegend bekannt. Er half, wo er nur helfen konnte, und es war selten, dass jemand vergeblich bei ihm anklopfte.

Später heiratete er seine Magd. Sie wurde eine gute Bäuerin mit einem warmen und weichen Herzen.

An langen Winterabenden kam es schon einmal vor, dass der Bauer seine Geschichte erzählte. Aus seiner früheren Verworfenheit machte er kein Hehl und bedauerte jedes Mal, der alten Frau, die ihn auf den rechten Weg gebracht hatte, nicht danken zu können.

Als er starb, gab es ein riesiges Begräbnis. Das ganze Dorf und noch viel mehr Menschen gaben ihm das letzte Geleit. Er hatte angeordnet, bei dem Stein begraben zu werden. Der Stein selbst sollte sein Grab zieren. Die Inschrift hatte er schon bei Lebzeiten erneuern lassen.

Jeder, der die Gegend besuchte und von der Geschichte hörte, suchte den Stein auf. Dort konnte er dann lesen:

> „Gutes tun und Böses meiden, das bewahrt vor vielen Leiden."

Und damit endet die Geschichte von dem Bauern mit dem harten Herzen.

Das mausgraue Männlein

Vor vielen Jahren lagerten am Fuße eines Abhanges zwei Handwerksburschen und sonnten sich. Es ging ihnen schlecht; sie hatten weder zu essen noch zu trinken.

Der, der auf den Namen Fips hörte, meinte: „Lange halte ich dieses Leben nicht mehr aus." Sein Kamerad, der sich Grind nannte, antwortete: „Weiß der Teufel, du hast recht. Es wird Zeit, dass wir wieder mal einen warmen Löffel in den Leib bekommen."

Fips, der gern träumte, überhörte diese Worte. Er beobachtete eine Feldmaus, die vor ihrem Löchlein saß und mit den Augen zwinkerte. Sie verschwand dann, erschien aber nach kurzer Zeit wieder. Bald waren es vier, fünf, sechs Feldmäuse. Sie tollten, dass es eine Art hatte. Das lustige Treiben brachte ihn zum Lachen. Grind meinte: „Mir ist keineswegs zum Lachen zumute, und ich weiß auch nicht, was dich veranlasst, zu grinsen." Fips antwortete: „Die Tiere da, die Feldmäuse! Aber du hast recht. Wie kommt die Kreatur dazu, gerade vor unserer Nase umherzutollen? Ich werde ihnen einen Strich durch die Rechnung machen." „Wenn du dein Glück nicht gefährden willst, dann ist es besser, du legst den Stein wieder zurück." Hinter ihm stand ein kleines, mausgrau gekleidetes Männchen mit einem spitzen Näschen und kleinen flinken Mausäugelein. „Du hast mir einen ordentlichen Schreck eingejagt", meinte Fips. „Man sieht dich kaum und dabei hast du eine Stimme wie ein ausgewachsener Mensch." Das Männchen kam näher und musterte die beiden Handwerksburschen. „Zum Besten seht ihr gerade nicht aus, und die Arbeit scheint auch nicht euer Fall zu sein." „Du könntest es erraten haben", brummte Grind, den der Hunger nach wie vor quälte. „Es wird dir wenig nützen, deine schlechte Laune an Fremden auszulassen", antwortete das Männchen kurz. „Hunger habe ich", warf Grind hin, „und Hunger tut weh." „Schließt mit mir einen

Vertrag“, ermunterte sie das Männchen, „dann hat das schlechte Leben für euch ein Ende.“

Grind richtet sich bei diesen Worten auf. „Das lässt sich hören, Kleiner, wenn wir dir helfen können, so sag's.“ „Sachte, sachte!“ antwortete das Männlein. Fips, der befürchtete, Grind könnte durch seine aufdringliche Art alles wieder verderben, mischte sich ein: „Du kannst auf uns zählen.“ „Gut“, antwortete das Männchen, „ich nehme euch beim Wort. Kommt!“

Sie gingen den Hügel hinab, zu einer Stelle, an der das Gras besonders üppig gedieh. „Schiebt diesen Grasbüschel einmal zur Seite“, befahl es. Die Handwerksburschen gehorchten. Wer beschreibt ihr Erstaunen, als sie eine große, von unten erleuchtete Glasplatte freilegten. Nun befahl ihnen das Männlein, einen Blick durch die Glasplatte zu tun. Was die beiden Handwerksburschen da erblickten, verschlug ihnen schier den Atem. Das ganze Berginnere lag erleuchtet vor ihnen. Sie sahen unzählige Gänge, in denen viele Feldmäuse geschäftig hin- und hereilten. Jede schleppte irgend etwas Glänzendes oder Glitzerndes. Weit im Innern des Hügels sahen sie große Haufen von dem glänzenden Zeug liegen, die sich durch die fleißig arbeitenden Feldmäuse ständig vergrößerten. Grind wurde immer ungeduldiger. „Das ist ja reines Gold, das sind ja eine Menge Edelsteine!“ sagte er gierig. Fips, der seinen Kameraden zur Genüge kannte und eine Dummheit von dessen Seite befürchtete, gab ihm einen Stoß, damit er seine Gier nicht gar zu offen zeige. Dann wandte er sich mit liebenswürdigen Worten an das Männlein. „Das ist mehr, als du gebrauchen kannst.“

Das graue Männchen ließ ihn nicht weitersprechen. „Was ich gebrauchen oder nicht gebrauchen kann, das lasst nicht eure Sorge sein; aber wenn ihr auf meinen Vorschlag eingeht, dann könnt ihr so viel davon haben, dass ihr den Rest eures Lebens in Ruhe und Frieden verbringen könnt.“ Bei dieser verlockenden Aussicht erschien den Handwerksburschen jede Bedingung leicht. Nach einer Weile, die die beiden eine

Ewigkeit dünkte, begann das Männlein: „Die so emsig arbeitenden Feldmäuse sind Menschen, die das gleiche Verlangen nach Gold und Edelsteinen haben wie ihr. Die bleiben ein Jahr und nach Ablauf dieser Zeit kann jeder nehmen, soviel er zu tragen vermag.“ „Ein Jahr ist keine lange Zeit“, meinte Fips, „ich hätte schon Lust, mein Glück zu versuchen.“ „Gut“, meinte das Männlein, „und dein Kamerad?“ Grind überlegte einen Augenblick und antwortete: „Wenn es dir recht ist, dann löse ich meinen Kameraden nach einem Jahr ab.“ „Wie du willst“, gab das Männlein zurück. Sie blieben noch eine Weile beisammen, dann gab Grind seinem Kameraden nochmals die Hand, machte dem Männlein einen höflichen Kratzfuß und ging seiner Wege. Sobald er außer Sicht war, warf er sich hin, verschränkte die Arme hinter dem Kopf, zog die Beine an, blinzelte in die Sonne und begann ernsthaft nachzudenken, denn er verspürte nicht die geringste Lust, das Leben einer Maus zu führen und dem Mausgrauen Schätze bergen zu helfen. „Ich werde“, so sagte er, „schon Mittel und Wege finden, auch ohne Arbeit mein Schäfchen ins Trockene zu bringen.“ Er kroch zurück und versteckte sich hinter einem großen Stein. Hier konnte er nicht nur alles beobachten, was mit seinem Kameraden geschah, er konnte auch jedes Wort, das zwischen ihm und dem Männlein gesprochen wurde, verstehen.

Das Männlein, das ein kleines Knöchlein in der Hand hielt, vollführte seltsame Bewegungen und sprach dann folgende Verse:

> „Mausebein, Mausebein, mach den Mann zum Mäuselein!
> In ein graues Fell gezwängt, wirst am Schwanz du aufgehängt.
> Dienest du mir täglich neu durch ein ganzes Jahr getreu, wirst verwandelt wieder dann aus dem Mäuschen in den Mann.“

Nach diesen Worten berührte das Männlein Fips mit dem Mauseknochen. Dieser verwandelte sich prompt in ein

Mäuslein und folgte dem Männlein, das mit ihm schnell in einem Erdloch verschwand. Grind merkte sich den Vers und ging dann, um sich eine Unterkunft zu suchen.

Fips lebte sich schnell ein. Die Arbeit war nicht schwer und machte ihm Vergnügen, erst recht, wenn er daran dachte, dass nach einem Jahr eine Manneslast von all den zusammengetragenen Schätzen sein eigen sein würde. Mit den übrigen Feldmäusen stand er bald auf gutem Fuß. Er war hilfsbereit und nahm auch einen Scherz, den man sich mit ihm erlaubte, nicht übel.

Auf seinen vielen Wegen in das Innere der Erde entdeckte Fips eines Tages einen Gang, der nach draußen führte. Als er sich unbeobachtet wähnte, huschte er davon. Draußen schnupperte er ein wenig frische Luft und hielt Umschau, in der Hoffnung, seinen Freund Grind irgendwo zu entdecken. Aber dieser ließ sich nirgends blicken. „Nun", dachte Fips, „ich habe Zeit. Bevor mein Jahr zu Ende ist, werde ich ihn schon noch sehen", und huschte wieder davon. Das neue Leben war nicht ohne Reiz. Das Männlein schien ihm gewogen zu sein, außerdem gab es ständig etwas Neues, und wenn er an die Schätze dachte, die er nach einem Jahr sein eigen nennen würde, lachte ihm das Herz im Leibe. „Und wenn Grind auch sein Jahr abgemacht hat", so dachte er weiter, „dann können wir ein sorgenloses Leben führen."

Grind trieb sich in der nächsten Zeit in der Gegend umher. Er bettelte und stahl, was er erwischen konnte. Nach vierzehn Tagen ging er zum großen Stein. „Vielleicht treffe ich Fips", dachte er und setzte sich. Als er eine Weile gewartet hatte, erschien Fips tatsächlich. Grind musste lachen, als sich sein Freund vor ihm auf die Hinterbeine setzte und mit den Vorderpfoten winkte. Ohne sich nach seinem sonstigen Ergehen zu erkundigen, fragte er „Na, hast du wenigstens etwas von den vielen Schätzen, die da unten unnütz herumliegen, mitgebracht?" Fips hatte zufällig ein paar Rubine bei sich, die er seinem Freunde, aus Freude ihn getroffen zu haben, auch sofort aushändigte. „Das ist nicht gerade viel", meinte dieser, „aber als Anfang mag's genügen." Dabei ließ er die Edelsteine in seiner Hosentasche verschwinden. „Sei schlau, fuhr er fort, „und schaffe häufiger etwas beiseite und verbirg es hier unter dem großen Stein. Ich komme dann von Zeit zu Zeit und hole es ab." Fips antwortete: „Das ist gar nicht so einfach. Das Männlein hat seine Augen überall. Außerdem muss jeder, den es bei einem Diebstahl ertappt, zur Strafe ein Jahr länger bleiben und bekommt später auch keinen Lohn." „Ach was", gab Grind zurück, „du wirst wohl in deinem Leben gelernt haben, dich nicht erwischen zu lassen." Fips erklärte sich endlich einverstanden. Darauf trennten sie sich.

Grind machte die Steine sofort zu Geld und verlebte lustige Tage, und Fips sorgte dafür, dass immer etwas Gold und einige Edelsteine unter dem großen Stein lagen. Seine ständigen Betrügereien machten ihm freilich schwere Sorgen, aber auf der anderen Seite fürchtete er seinen Kameraden. Es blieb ihm also nichts anderes übrig, als sein bisheriges Tun fortzusetzen und zu hoffen, dass das graue Männlein nichts merke. Grind hatte er, obwohl mehrere Monate vergangen waren, noch nicht wiedergesehen. Das beunruhigte ihn, und er nahm sich vor, beim nächsten Mal so lange zu warten, bis er kommen würde.

Fips hatte Glück. Grind kam eher, als er gedacht hatte, war jedoch wenig erbaut, Fips zu treffen. Aber er verstand es, gute Miene zum bösen Spiel zu machen. So nebenbei erkundigte er sich, wie es ihm gehe, und wollte dann wissen, ob es nicht möglich sei, mehr Schätze als bisher unter den Stein zu schaffen. Während er redete, bemerkte Fips, wie gut gekleidet Grind war, und meinte: „Du hast dich ordentlich herausgemacht. Wer dich sieht, muss dich beneiden." Grind war um eine Erklärung nicht verlegen. „Weißt du, mein anderes Zeug war zu zerrissen, da habe ich mir diesen neuen Anzug gekauft und für dich gleich einen mit. Du sollst nicht zu kurz kommen." Als Fips gehen wollte, hielt Grind ihn zurück. „Sieh zu, dass du das weiße Knöchelchen an dich bringst. Es könnte uns später gewiss gute Dienste tun." „Du verlangst viel", antwortete Fips, „aber ich will sehen, was sich machen lässt." Im Grunde war er mit Grinds Ansinnen nicht einverstanden, aber da er ein schwacher Mensch war und auf der anderen Seite ein Vorteil lockte, schwanden ihm schnell alle Bedenken.

Je mehr das Jahr sich dem Ende zuneigte, desto eifriger arbeitete Fips. Es fehlte ihm jetzt nur noch das weiße Knöchelchen. Aber alle Versuche, dieses an sich zu bringen, waren bisher fehlgeschlagen. Am letzten Tag rief das graue Männlein ihn zu sich. Es lobte zwar seinen Arbeitseifer, zeigte ihm jedoch einen Sack, in dem der Boden eben bedeckt war. Fips machte ein verdutztes Gesicht. Das Männlein lächelte und meinte: „Du wunderst dich gewiss? Aber hast du nicht während des ganzen Jahres gut für dich gesorgt? Eigentlich müsste ich dich noch hierbehalten, aber ich will ein Auge zudrücken und dich laufen lassen." Das hatte Fips nicht erwartet. Aber nun wurde der Wunsch, das weiße Knöchelchen zu stehlen, in ihm riesengroß. Während das Männlein mit ihm sprach, sah er es auf einem Bort liegen. Er schob sich näher heran, griff in einem unbewachten Augenblick zu und ließ es in seinem Mäulchen verschwinden. Als das Männlein geendet hatte, legte es ihm eine Schnur um seinen Mäuseschwanz und hängte ihn so auf, dass er mit dem Kopf nach unten baumelte. Dazu sprach es die Worte:

„Wirst verwandelt wieder dann
aus dem Mäuschen in den Mann."

Als Fips zu sich kam, lag er draußen auf dem Hügel. Neben ihm stand der Sack. Das Wichtigste aber, das weiße Mausebein, hatte er im Munde. Er blieb noch eine Weile liegen, dann erhob er sich und hielt nach Grind Ausschau. Aber kein Grind ließ sich blicken. Er wartete, bis es anfing dunkel zu werden, dann machte er sich auf, seinen Kameraden zu suchen. Schon der erste Bauer, bei dem er sich erkundigte, konnte ihm Auskunft geben. Er sagte: „Grind, aber gewiss, den kenne ich. Das ist ein feiner Herr, der das Geld mit vollen Händen hinauswirft. Du findest ihn gewiss im Gasthof „Zur Ente". Nun wusste Fips genug, und nachdem ihm der Bauer noch die Richtung angegeben hatte, zog er weiter. Bald hatte er den Gasthof erreicht. Er trat ein. Aus dem Gastzimmer vernahm er laute Stimmen und Lachen. An der Tür blieb er stehen und betrachtete sich die Tafelrunde. Grind führte das große Wort. Als der ihn nach einiger Zeit bemerkte, schaute er ihn verwundert an. Erkannte er ihn nicht? Das kann doch wohl nicht angehen, dachte Fips. Da aber erhob Grind sich auch schon und kam auf ihn zu. „Fips — du?" fragte er, indem er sich zu einer freundlichen Miene zwang. „Ja", antworte Fips, „kein anderer; du aber scheinst dich nicht zu erinnern, was heute für ein Tag ist. Mein Jahr ist um." „Dass ich daran nicht gedacht habe", sagte Grind und wurde nun überaus liebenswürdig. „Komm doch vollends herein und nimm Platz — hier bitte", sagte er und wies auf einen Nebentisch, „du sollst dich erst einmal ordentlich stärken."

Darauf ließ er herbeischaffen, was Küche und Keller des Gasthofes hergaben: Brot, Wurst, Butter, Schinken und dazu je eine Flasche Rot- und Weißwein. Fips ließ es sich schmecken. Grind setzte sich zu ihm und entschuldigte sich, ihn nicht abgeholt zu haben. Er sagte: „Ich habe sehr vornehmen Besuch. Es sind Leute, mit denen ich Geschäfte mache. Ich würde dich gern mit ihnen bekannt machen, aber dein Anzug ist gar zu schlecht." Dann erkundigte er sich, ob er einen ordentlichen vollen Sack mitgebracht habe. Fips antwortete wahrheitsgemäß. „Hast du dann wenigstens das weiße Mausebein?" wollte Grind nun wissen. Fips wollte schon „ja" sagen, als ihm plötzlich der Gedanke kam, dass es besser sei, Grind im Unklaren zu lassen. Er sagte: „Beinahe hätte ich's erwischt, aber das Männchen lässt sich nicht betrügen. Was soll uns das Knöchlein auch? Wenn du erst dein Jahr abgearbeitet hast, haben wir ohnehin genug." Diese Antwort missfiel Grind so sehr, dass er sein Verhalten Fips gegenüber sofort änderte. Plötzlich hatte er es sehr eilig, wieder zu seinen Gästen zu kommen, und verließ ihn ohne ein weiteres Wort.

Fips verbrachte die Nacht so gut er konnte. Nach dem Mittagessen ließ Grind ihn rufen. Grind saß auf seinem Zimmer in einem großen Ledersessel und sog an einer dicken schwarzen Zigarre, die mit ihrer goldenen Leibbinde beinahe noch vornehmer aussah als Grind. Er bot Fips einen Stuhl an und fragte so obenhin, ob er auch rauchen wolle. Dann fing er wieder von dem Knochen an und meinte: „Schade, dass die Sache nicht geglückt ist.

Nun, ich komme auch so zurecht." Dann fuhr er fort: „Dein übriges Zeugs will ich gern zu Geld machen. Du hast dann wenigstens einen Notgroschen." Und lustig log er weiter. Von der Abmachung mit dem grauen Männlein wollte Grind jedoch nichts mehr wissen. „Wozu soll ich Mäuslein spielen und in der Erde herumschnüffeln?" meinte er verächtlich, „ich habe hier meine Arbeit, die ich nicht so ohne weiteres verlassen kann, das musst du doch auch einsehen." Was blieb Fips anderes übrig, als gute Miene zum bösen Spiel zu machen. Erst wollte er sofort weiterziehen, dann aber dachte er, dass es nicht schaden könne, Grind eine Weile zu beobachten, vielleicht dass er doch noch zu seinem Recht käme.

Eines Tages gerieten sie in einen bösen Wortwechsel, in dessen Verlauf Grind seinen Kameraden zu schlagen versuchte. Da riss auch Fips die Geduld. Er stürzte sich auf Grind und wollte ihn ordentlich verprügeln. Bei dieser Gelegenheit rutschte ihm das weiße Knöchelchen aus der Tasche. Grind, der es sofort bemerkte, griff zu, hob es triumphierend in die Flöhe und rief: „Du Lügner, du gemeiner Kerl, endlich habe ich dich. Das sollst du mir büßen." Er berührte Fips mit dem Knochen und sprach die Worte:

> „Mausebein, Mausebein, mach den Mann zum Mäuselein!" Den Rest unterschlug er. Ihm lag nicht daran, Fips jemals wiederzusehen.

Nun war Fips wieder eine Feldmaus geworden. Das graue Männlein wagte er jedoch, aus Angst, sein Diebstahl könnte dann offenbar werden, nicht aufzusuchen. Trotzdem blieb er nicht lange untätig. Bald hatte er eine Schar Hausmäuse zusammen. Noch in derselben Nacht brachen sie in Grinds Zimmer ein, vernichteten hier, was sie nur irgend erreichen konnten, und kamen so lange, bis nichts mehr übrig war. Sie nagten an den Möbeln, bis sie zusammenfielen, und an den Fußbodenbrettern, bis sie einbrachen. Die Plage wurde schließlich so schlimm, dass Grind aus dem Gasthof hinausgeworfen wurde. Aber kein Mensch wollte ihn wieder aufnehmen, denn überall wo er sich niederließ, erschienen die Mäuse und hoben auch hier ihr Vernichtungswerk an. Grind musste nun wie ehedem wieder draußen übernachten. Aber auch hier ließen ihn die Mäuse nicht zufrieden. Sie gingen an seine Schuhe, seine Kleidung und seine Wolldecke. Zuletzt baute er sich eine Hütte, umgab diese mit einem Wassergraben und stellte überall Fallen auf. Nun hatte er Ruhe.

Fips blieb ständig in seiner Nähe, aber großen Schaden konnte er ihm nicht mehr zufügen. Außerdem musste er achtgeben, sich nicht in einer der vielen aufgestellten Fallen zu fangen. Einmal blieb er aber doch hängen. Es kostete ihn nicht gerade das Leben, jedoch mit seinem Mauseschwanz saß er fest. Er zerrte und riss, aber die Falle gab nicht nach. Langsam verließen ihn seine Kräfte und er wäre elendig verhungert, wenn nicht zufällig ein Schäfer des Wegs gekommen wäre. Als dieser das zappelnde Mäuslein erblickte, blieb er stehen, wollte schon die Feder der Falle lösen, da entsann sich Fips der Worte des grauen Männleins. Er bat den Schäfer, die Falle so aufzuhängen, dass er mit dem Kopf nach unten baumle. Dann sagte er die Worte des grauen Männleins her und flehte so lange, bis der Schäfer sie nachsprach. Kaum war dies geschehen, da stand zur Verwunderung des Schäfers Fips vor ihm. Er bedankte sich und versprach ihm, wenn er wieder zu Geld komme, eine große Belohnung.

Als Grind eines Mittags in der Sonne nichtsahnend eingeschlafen war, kamen die Mäuse, holten ihm das Knöchelchen aus der Tasche und brachten es Fips. Als Grind seinen Verlust bemerkte, war es schon zu spät. Fips stand neben seinem Verderber, berührte ihn mit dem Knochen und sprach den Vers. Da wurde Grind zu einer Feldmaus.

Das weiße Knöchelchen ließ er durch eine Maus wieder zurückbringen, wohin es gehörte. Von Grind hat Fips nie wieder etwas vernommen. Wahrscheinlich ist er bald gestorben, denn das Mauseleben wird ihm sicher nicht behagt haben. Der Schäfer bekam die versprochene Belohnung, und durch diesen ward die ganze Geschichte bekannt.

Dem grauen Männlein sollte Fips noch einmal begegnen. Es war ihm zur Gewohnheit geworden, hin und wieder den großen Stein aufzusuchen. Als er wieder einmal dort saß und träumte, stand das Männlein vor ihm. Es zupfte ihn am Hosenbein und winkte ihm zu. Fips hätte gern einige Worte mit ihm gewechselt, aber als er anfangen wollte zu sprechen, war es schon verschwunden. Nun glaubte er wenigstens zu wissen, dass das Männlein ihm verziehen habe.

Fips, der noch viele Jahre lebte, suchte noch häufig den Stein auf, aber das graue Männlein ließ sich niemals wieder blicken.

Knecht Mike

Der Bauer Gnasenap führte auf seinem Hof ein herrisches Regiment. Er kommandierte und schimpfte und hatte überall etwas auszusetzen. Keiner konnte es ihm recht machen, nicht einmal sein Knecht Mike, der ihm nun schon über zwanzig Jahre diente. In Wahrheit führte Mike ein Hundeleben. Er bewohnte mit seiner Frau und seinen Kindern ein windschiefes und halbverfallenes Häuschen. „Bauer“, sagte Mike bescheiden, „das Dach wird mit jedem Tag undichter; schon vor drei Jahren sollte es gemacht werden. Wenn jetzt nichts geschieht, schwimmen wir beim nächsten Regen weg.“ Aber der Bauer hatte jedes Mal eine andere Ausrede. „Du musst dich noch ein wenig gedulden, wir haben jetzt keine Zeit.“ Heu musste eingefahren, Rüben mussten eingemietet oder Holz musste geschlagen werden. Mike kannte das alles schon und hörte gar nicht hin. Er musste an seine kranke Frau denken und an seine Kinder, die wieder froren, wie im letzten Winter. Bedrückt ging er an seine Arbeit. Nur der Bauer freute sich; er hatte wieder ein paar Groschen gespart.

Mikes Dach wurde nicht gemacht. Wenn es schneite, drangen die Schneeflocken durch die vielen Fugen bis in das Innere des Hauses. Es war dort so kalt, dass seine Frau nicht einmal in ihrem Bett mehr warm werden konnte. Als Mike den Bauer um Holz bat, meinte dieser: „Du hast ja zwei Kinder; lass sie in den Wald gehn und Holz suchen, dann bekommst du’s auch warm.“ Das Holz des Bauern musste Mike in die Stadt fahren oder zur Säge. Dort gab es klingende Münze. Die konnte Mike dem Bauer natürlich nicht geben, denn er besaß nicht einen roten Heller.

Einen Tag vor dem Weihnachtsfest ließ der Bauer Mike rufen. „Das geschlagene Holz muss noch geholt werden. Man wird es uns sonst während der Feiertage gewiss stehlen.“ Mike, der den Bauer genau kannte, hätte nie zu widersprechen gewagt, aber heute, da seine Frau im Sterben lag, bat er den Bauer, doch einen anderen zu schicken. Das passte dem Bauer aber nicht. Er fuhr Mike an und drohte, ihn vom Hof zu jagen, wenn er sich nicht sofort auf den Weg mache. Mike blieb nun nichts anderes übrig, als zu gehorchen. Er spannte die Pferde an und fuhr schweren Herzens davon.

Draußen wehte ein garstiger Wind. Er trieb ihm die Schneeflocken ins Gesicht. Die Pferde kamen nur schwer von der Stelle. Mike musste oft vom Wagen herunter und die Räder freischaufeln. Endlich war er an Ort und Stelle.

Er lud die Stämme auf, gab den Pferden Futter, verzehrte selbst sein kärgliches Mahl und machte sich wieder auf den Heimweg. Der Weg war glatt, und der Wagen kam häufig ins Rutschen. Das ging eine Zeitlang gut. Plötzlich sprang in der Nähe ein Reh über den Weg. Die Pferde scheuten, der Wagen fuhr gegen einen Baum, das Vorderrad brach, Mike flog in hohem Bogen den Abhang hinunter und landete tief unten in einer großen Schneewehe. Es dauerte eine ganze Zeit, bis er wieder zur Besinnung kam.

Als er die Augen aufschlug, sah er vor sich einen Gang, in dem weit im Hintergrund ein Licht brannte. Hier traf er ein kleines, sonderbares Männchen. Das Auffallendste an ihm war sein langer Bart. Dieser bestand nicht aus Haaren, sondern aus getrockneten Schachtelhalmen. Das Männchen begrüßte Mike freundlich und meinte, dass er sich für seine Fuhre einen schlechten Tag ausgesucht habe. „Das schon", gab Mike zur Antwort, „aber der Bauer war der Ansicht, dass das Holz heute noch abgefahren werden müsse. Sicher ist der Bauer im Recht", versuchte Mike ihn in Schutz zu nehmen, „sonst hätte er mich bei diesem Wetter bestimmt nicht ausgeschickt." Das Männchen überhörte die Worte. Es fragte nur: „Und deine Frau?" Mike machte ein trauriges Gesicht. „Meine arme Frau", meinte er, „hoffentlich ist sie noch am Leben." „Du bist ein guter Kerl, Mike", antwortete das Männchen, „und es ist an der Zeit, dass dir und deiner Frau geholfen wird." Mike machte ein ungläubiges Gesicht. „Lass den Kopf nicht hängen", meinte das Männchen nun,

„ich werde einmal sehn, was ich für dich tun kann." „Ich danke dir für deinen guten Willen", entgegnete Mike, „aber ich weiß nicht, wie du das machen willst." „Das lass nur meine Sorge sein", beruhigte ihn das Männchen. „Wenn ich auch klein und unscheinbar aussehe, so reicht mein Arm doch weiter, als du denkst." Als Mike ihm auch jetzt noch keinen rechten Glauben schenken wollte, griff es in seinen Bart und riss sich ein Bündel Schachtelhalme heraus. Das überreichte es Mike mit den Worten: „Nimm sie an dich, und sobald du einen Wunsch hast, zupfe ein Stückchen ab, wirf es in die Luft und sage deinen Wunsch. Wenn du jedoch einmal andern Menschen helfen willst, musst du das als Gegenleistung fordern, was ich dir dann zuraune. Mike war ganz benommen und schloss die Augen. Als er sie wieder öffnete, war das Männchen verschwunden, und er lag neben dem Wagen im Schnee. Die Pferde standen ruhig da und leckten ihm Gesicht und Hände. Mike glaubte geträumt zu haben. Aber bald entdeckte er in seiner Rechten die Schachtelhalme. Nun erinnerte er auch die Worte des Männchens. Er riss ein Stückchen ab, warf es in die Luft und wünschte sich und die Fuhre wohlbehalten auf den Hof. Der Wunsch ging stracks in Erfüllung. „Schon zurück?", meinte der Bauer, „das ging aber schnell." „Es ging so", antwortete Mike einsilbig. Er hatte Sehnsucht nach seiner Frau.

Als Mike das Zimmer betrat, standen beide Kinder mit angstvollen Gesichtern am Bett ihrer Mutter. Das Feuer auf dem Herd war erloschen, und durch die Fugen drang nach wie vor der Schnee. Die Frau hob bei Mikes Eintritt mühsam ihre Augenlider und blickte ihren Mann unsagbar traurig an, als wolle sie sagen: Macht euch nur auf alles gefasst, meine Stunde hat bald geschlagen. Mike dachte: Wenn das Kraut geholfen hat, Pferd und Wagen auf den Hof zu schaffen, dann wird es meiner Frau gewiss auch nicht schaden. Er riss ein Stückchen ab, warf es in die Luft und wünschte sich eine gesunde Frau.

Kaum hatte der Wunsch seinen Mund verlassen, da richtete sich seine Frau auch schon auf und verlangte aufzustehen. „Mir ist plötzlich so wohl“, meinte sie und reckte die Glieder. Sie ging zum Herd, in der Hoffnung, dort etwas Essen zu finden. Aber die Töpfe waren leer. Mike, der sie beobachtete, fragte, worauf sie Appetit habe. Über die Wangen der Frau huschte ein leichtes Rot. Sie antwortete: „Mach dir keine Sorgen, Mike, nun, da ich wieder aufstehen kann, werde ich auch wieder zu Kräften kommen.“ Mike überhörte die Worte. Er fragte, ob sie lieber Gänsebraten esse oder Rehrücken, eine Taube oder ein Huhn sei schließlich auch nicht zu verachten. Die Frau, die nicht wusste, was in ihren Mann gefahren war, ging, um ihm nicht weh zu tun, auf seinen Scherz ein und meinte: „Nun, ein Gänsebraten mit viel Kartoffeln, einer fetten Tunke und einer ordentlichen Portion Rotkohl würde mir schon recht sein.“ „Dann setzt euch nur an den Tisch, meinte Mike, „wir können gleich anfangen.“ Seine Frau und seine Kinder wollten ihn auslachen, aber Mike warf schnell ein Stückchen Schachtelhalm in die Luft, und prompt stand das Gewünschte auf dem Tisch.

Während sie dem guten Essen ordentlich zusprachen, gab es ein großes Gefrage. Aber Mike hielt es für richtiger, nichts zu verraten. Er meinte: „Habt keine Angst, es geht alles mit rechten Dingen zu.“ Und sie aßen nun, bis nichts mehr übrig war. Mike schob seinen Stuhl zurück, tat wie ein großer Herr und sagte: „So, nun will ich mich einmal um das Haus kümmern.“ Er ging vor die Tür, wünschte sich ein schönes rotes Ziegeldach und für das Häuschen einen neuen Anstrich. Frau und Kinder schlugen, als sie die Veränderung sahen, die Hände über dem Kopf zusammen. Aber sie sollten noch mehr staunen. Bei ihrem Eintritt waren die alten wurmstichigen Betten verschwunden. An ihrer Stelle standen schön polierte Bettstellen mit weißbezogenen Kissen und Decken. Sie legten sich sofort hinein und meinten, die Betten seien so mollig und warm, dass sie am liebsten überhaupt nicht wieder aufstünden.

Obwohl der nächste Tag ein Feiertag war, schickte der Bauer eine Magd und ließ Mike bestellen, dass das restliche Holz unbedingt noch abgefahren werden müsse. Der Magd blieb das Wort beinah im Munde stecken, als sie die Veränderung in Mikes Haus sah. Sie lief sofort zurück, um dem Bauer die Neuigkeit zu berichten. Dieser ging, um das Wunder in Augenschein zu nehmen. Als er eintrat, war Mikes Frau gerade damit beschäftigt, die neuen Betten aufzuschütteln. „Bist du wieder gesund?“, fragte er barsch, denn er ärgerte sich über das schön hergerichtete Häuschen. „Ich bin's“, gab die Frau gelassen zurück, „und hoffe es mit Gottes Hilfe zu bleiben“. „So, das ist fein“, antwortete der Bauer scheinheilig, „dann kannst du morgen kommen und die große Wäsche erledigen. Und du, Mike“, wandte er sich nun an diesen, „stehst neuerdings wohl mit dem Teufel im Bunde? Dein Dach ist jetzt besser als das meinige, und neue Betten habt ihr auch?“ Mike merkte deutlich, dass der Bauer mehr wissen wollte. Aber Mike blieb wortkarg. Er antwortete nur mit „ja“ oder „nein“. Der Bauer wollte gehörig aufbrausen. Er beherrschte sich aber, da er nicht genau wusste, woran er mit Mike war. Nachdem alle Anspielungen fehlgeschlagen waren, und er nichts in Erfahrung gebracht hatte, erinnerte er Mike nochmals an die Fuhre und ging dann ohne Gruß.

Mike ließ sich durch das Verhalten des Bauern nicht beirren. Er holte die Pferde aus dem Stall, spannte an und fuhr in den Wald. Als er sich vom Hof weit genug entfernt glaubte, machte er halt, gab den Pferden eine ordentliche Ration Futter und ließ sich sein eigenes Frühstück dann auch gut schmecken. So um die Mittagszeit herum warf er ein Stückchen Schachtelhalm in die Luft und wünschte sich mit der beladenen Fuhre in die Nähe des Hofes. Der Wunsch hatte kaum seinen Mund verlassen, da stand der Wagen auch schon fertig beladen da. Er brauchte ihn nur noch auf den Hof zu fahren. Verwundert schüttelte der Bauer seinen Kopf, konnte aber, obwohl er immer wieder in Mike zu dringen versuchte, nichts erfahren. Schließlich gab er sich zufrieden.

Im Stillen hatte er längst nachgerechnet, welche Vorteile ihm da in den Schoß gefallen waren. Er nahm sich vor, Mike nun noch mehr heranzunehmen.

Nachdem ein Jahr vergangen war, bat Mike den Bauer um etwas Geld und um einige Tage Urlaub. Sein Bruder sei sehr schwer erkrankt, und er wolle nun fahren und ihn besuchen. Der Bauer geriet aus dem Häuschen, nannte Mike einen Drückeberger und Faulpelz und meinte, ein derart unverschämter Knecht sei ihm in seinem ganzen Leben noch nicht begegnet. Mike blieb. Bald erreichte ihn die Nachricht, dass sein Bruder gestorben sei. Mike wurde traurig und machte sich die bittersten Vorwürfe, nicht ohne Erlaubnis gefahren zu sein, um seinen Bruder zu retten.

Der Bauer besaß einen Sohn und eine Tochter. Beide Kinder waren ihm sehr ans Herz gewachsen. Plötzlich erkrankte der Sohn. Mike musste anspannen und den Doktor holen. Dieser untersuchte den Knaben, machte ein bedenkliches Gesicht und schrieb ein langes Rezept. Der Junge nahm die Medizin, aber die Krankheit wollte nicht weichen. Es wurde bald so schlimm, dass der Doktor täglich geholt werden musste. Trotzdem verfiel der Junge immer mehr. Schließlich meinte der Doktor, seine Wissenschaft reiche nicht aus. Um den Knaben zu heilen, müsse schon ein Wunder geschehen. Nun musste der Bauer an Mikes Frau denken, die von einen Tag auf den andern gesund geworden war. Er ließ Mike kommen und fragte ihn, ob er helfen könne. „Wenn du meinen Sohn rettest, dann nimm, was du haben willst." Mike antwortete: „Ich könnte es einmal versuchen. Vielleicht gelingt es mir. Er drehte sich um, warf ein Stückchen Schachtelhalm in die Luft und murmelte seinen Wunsch.

„Der Bauer soll dir seine Ställe und Scheunen mit allem Vieh und allen Vorräten geben", raunte es nun neben ihm. Mike nannte die Bedingungen. Der Bauer verlegte sich aufs Handeln. Ein Pferd, eine Kuh und ein Schwein würde es schließlich auch tun. Aber Mike blieb fest. „Wenn ich deinem Jungen helfen soll, dann musst du schon einschlagen!“ Endlich gab der Bauer nach, und im selben Augenblick verlangte der Junge zu essen und zu trinken. Bald konnte er aufstehen, und am nächsten Tag war er munter wie ein Fisch im Wasser. Nun reute den Bauer sein Versprechen. Er ging, um die Stall- und Scheunentüren zu versperren, damit Mike nicht hineinkönne. Aber die Türen wurden, sobald er sich näherte, von unsichtbarer Hand zugeschlagen. Als er eine Kette vorlegen wollte, quetschte er sich die Finger. Nun ließ er einen Viehhändler kommen, um diesem sein Vieh zu verkaufen. Aber es gab keinen Menschen auf dem Hof, außer Mike, der in der Lage war, die Pferde, die Kühe und die Schweine aus ihren Stallungen zu holen. Schließlich erzählte Mike dem Viehhändler seinen Pakt mit dem Bauer. Der Händler wurde ärgerlich und drohte, den Bauer bei Gericht anzuzeigen. Mike beruhigte ihn jedoch und verkaufte ihm einige fette Schweine. Guter Dinge verließ dieser nun den Hof. Von dem Erlös gab Mike in seiner Gutmütigkeit dem Bauer die Hälfte.

Bald erkrankte auch die Tochter des Bauern. Wieder wurde der Doktor geholt. Die Bäuerin meinte zwar, obes nicht besser sei, Mike um Rat zu fragen. Aber der Bauer brauste auf und fragte, ob sie ihn an den Bettelstab bringen wolle? Aber so oft der Doktor auch geholt wurde, und so viele Rezepte er auch schrieb, an dem Befinden der Tochter vermochte er nichts zu ändern. Sie schwand dahin und wurde mit jedem Tag blasser und durchsichtiger. Schließlich ließ sich der Bauer doch herbei, Mike um Rat anzugehn. „Du kennst die Bedingungen, Bauer“, antwortete Mike, „selbst wenn ich wollte, ich könnte trotzdem nichts daran ändern.“ „Gut“, sagte der Bauer, „dann versuch dein Heil.“ Mike tat nun wie das letzte Mal. Sofort war die Stimme wieder da. „Verlange seine gesamten Ländereien und seine Wiesen und Wälder.“ Wieder versuchte der Bauer abzuhandeln. Aber Mike blieb fest, und der Bauer gab schließlich, um sein Kind zu retten, nach. Das Kind wurde schnell gesund. Der Bauer hatte es jedoch mit der Übergabe der Ländereien, zumal die Ernte noch auf dem Halm stand, nicht eilig. „Wenn ich schon alles verliere“, so sagte er sich, „dann will ich wenigstens noch die Ernte für mich haben“, und beauftragte seine Leute, das Korn zu mähen. Aber die Sensen schnitten nicht, und das Korn blieb stehen, wo es stand. Als Mike jedoch ging und eine Sense zur Hand nahm, fiel das Korn in langen Reihen.

Es konnte gebunden und zu Hocken aufgestellt werden. Als es gedroschen war, fuhr Mike das Korn zur Mühle. Dort erzielte er einen guten Preis. Von seinem Gewinn gab er dem Bauer wieder die Hälfte.

Der Bauer besaß jetzt nur noch sein Wohnhaus. Aber er litt keine Not, denn Mike ließ ihn und seine Familie nicht darben. Plötzlich erkrankte die Bäuerin schwer. Wieder musste der Doktor kommen, aber die Krankheit trotzte all seinen Bemühungen. Es ging mit der Bäuerin täglich mehr bergab. In seiner Not wandte sich der Bauer an Mike. „Ich will es gern versuchen“, antwortete Mike, „aber du weißt, dass ich mich auf keinen Handel einlassen darf.“ „Es sei“, gab der Bauer zurück, „mein Leben wird's ja nicht gerade kosten.“ Mike wandte sich um, warf ein Stückchen Schachtelhalm in die Luft und erhielt auch sogleich eine Antwort.

„Der Bauer soll sein Haus mit deinem tauschen, und als Knecht in deine Dienste treten.“ Als Mike diese Worte wiederholte, drohte der Bauer umzufallen. „Mike“, bat er, „das kannst du nicht wollen. Ich sehe ein, dass ich früher schlecht an dir und den Deinen gehandelt habe, lass mich's nicht entgelten und lass mir mein Haus“. Mike, der ein gutes Herz besaß, wollte schon auf den Vorschlag eingehen, aber die Stimme warnte ihn. „Bedenke, was ich dir gesagt habe, entweder du tust, wie ich sage, oder die Frau muss sterben.“ Nun willigte der Bauer ein. Seine Frau wurde schnell gesund. Der Bauer übergab Mike sein Haus und zog mit seiner Familie in Mikes Häuschen. Er tat auch sonst alles, was Mike verlangte. Aber Mike schonte ihn und behandelte ihn, als sei er noch der Herr.

Das ging so lange gut, bis Mike ihn eines Tages in den Wald schickte, um eine Fuhre. Holz zu holen. Mike hatte sich nichts Arges dabei gedacht, aber der Bauer glaubte, Mike habe ihm die Arbeit nur gegeben, um sich an ihm zu rächen. Es wurde eine beschwerliche Fährt, denn der Schnee lag so hoch, wie damals, als Mike in den Wald musste. Endlich waren die Tonnen aufgeladen, und der Bauer machte sich auf den Heimweg. An der Stelle, an der Mike vor Jahren das Unglück gehabt hatte, brach auch heute das Vorderrad. Der Bauer flog in den Schnee, rutschte den Abhang hinunter und landete in derselben Höhle, in der auch Mike wieder zur Besinnung gekommen war. Im Hintergrund brannte auch heute ein Licht, und das Männlein war auch wieder da.

Der Bauer klagte ihm sein Leid. Als der Bauer geendet hatte, schenkte das Männlein ihm drei Stückchen Schachtelhalm. „Wenn du einen Wunsch hast, dann wirf ein Stückchen in die Luft, sage deinen Wunsch, und seine Erfüllung wird nicht lange auf sich warten lassen." Der Bauer hatte es nun derart eilig, dass er sogar vergaß, sich bei seinem Wohltäter zu bedanken. Er hegte nur den einen Gedanken, mit Hilfe des Krautes den Hof wieder in seinen Besitz zu bringen. Pferd und Wagen ließ er zurück und stürmte mit großen Schritten vorwärts. In Gedanken stellte er sich das Gesicht vor, das Mike machen würde, wenn er ihm auftrug, Pferd und Wagen heimzuholen. Plötzlich schrie er laut auf. In seiner Hast hatte er die Unebenheiten des Weges nicht bedacht. Nun lag er da mit einem gebrochenen Bein und schrie aus Leibeskräften. Aber niemand hörte ihn. Er wartete eine Stunde, er wartete zwei Stunden. Ihm wurde kalt. Auch der Hunger machte sich bemerkbar. „Bevor ich hier elendig umkomme, opfere ich lieber ein Stückchen Schachtelhalm", sprach er zu sich, „ich behalte dann immer noch zwei, und die genügen auch, um mich wieder zum Besitzer des Hofes zu machen." Er warf nun ein Stückchen in die Luft und wünschte sich seine gesunden Glieder wieder. Kaum waren die Worte verklungen, da waren die Schmerzen auch schon weg. Eilig setzte er seinen

Weg fort. Nun musste er an einem Teich vorbei. „Wenn ich über das Eis gehe, gewinne ich zehn Minuten“, sagte er zu sich und verließ, in der Hoffnung, dass das Eis ihn trage, den festen Weg. Aber das Eis brach schon nach den ersten Schritten. Nun saß er bis zum Hals im kalten Wasser. Was blieb ihm anders übrig, als noch ein Stückchen Schachtelhalm zu opfern. Als er sich wieder auf dem Trocknen befand, packte ihn eine unbändige Wut auf Mike. „Ich wollte“, so rief er, „ihm wüchse ein mächtiger Buckel.“ Gerade als er die Verwünschung ausstieß, entführte ihm ein plötzlicher Windstoß das letzte Stückchen Schachtelhalm. Nun waren seine drei Wünsche dahin. Bekümmert schlich er heimwärts. Auf dem Hof begegnete ihm Mike.

Ein gewaltiger Buckel zierte seinen Rücken. Der Bauer ging zu ihm und erzählte ihm sein Missgeschick. Auch seine schändlichen Gedanken unterschlug er nicht. Mike empfand Mitleid mit ihm, und da er versprach, in Zukunft alle Schlechtigkeit und alle bösen Gedanken abzutun, verzieh ihm Mike. Den Buckel wurde er mit Hilfe des Schachtelhalms schnell wieder los. Der Bauer war von dieser Zeit an wie umgewandelt. Nach und nach gab Mike ihm von seinem Eigentum zurück. Später heiratete der Sohn des Bauern Mikes Tochter. Die Elternpaare zogen bald aufs Altenteil und ließen ihre Kinder wirtschaften. Der Hof gedieh und wurde berühmt bis weit in das Land. Häufig besuchte Mike den Wald, in der Hoffnung, noch einmal dem Männchen zu begegnen. Aber das ließ sich nicht wieder blicken. Der Bauer und Mike starben kurz nacheinander. Sie ruhen auf dem Kirchhof friedlich nebeneinander, so friedlich, wie sie die letzten Jahre ihres Lebens verbrachten.

Das Rauschen des Meeres

Gerd hüpfte von einem Bein auf das andere. „Mutti, bitte, bitte, lass mich mit Ewald zum Fischer gehen. Sein Boot ist jetzt festgemacht; er wird im Hause sein. Wir laufen den Strand längs. Dann kannst du uns immer sehen.“ Frau Helldorf legte ihr Buch beiseite, zog ihren Bademantel fester um die Schultern und trat aus ihrem Strandkorb zu ihren beiden Jungen in die Sandburg. Sie schob die Sonnenbrille vor die Augen und meinte: „Ihr wisst nicht, was ihr wollt. Geht lieber ins Wasser!“ „Nein, Mutti, lass uns doch zum Fischer!“ Zwei bittende Augenpaare aus braungebrannten Gesichtern unterstützten die Worte. „Dann in Gottes Namen. Zum Essen seid ihr mir wieder zurück. Aber nicht weiter als bis zum Fischer! Verstanden?“ entschied Frau Helldorf. Sofort setzten sich beide in Trab.

Der feine, vom Meerwasser durchfeuchtete Sand schmeichelte ihren bloßen Füßen. Jeder Tritt hinterließ eine Spur, die sich schnell mit Wasser füllte. Kein Strandgut, keine der zartgetönten Quallen, kein angespültes Seepferdchen, Dinge, die sie bisher stets so lebhaft beschäftigten, konnte heute ihre Schritte hemmen. Sie kannten nur einen Gedanken: den Fischer, sein Boot und seine Netze.

Sie fanden den Fischer beim Flicken seines Netzes. Bescheiden blieben sie in einiger Entfernung stehen. Als der Fischer sie erblickte, rief er ihnen zu: „Kommt ruhig näher! Besuch von zwei so braungebrannten Jungen hab‘ ich gern.“

Das war einmal eine Überraschung! Dass sie so schnell und so einfach die Bekanntschaft des Fischers machen würden, hatten sie nicht zu hoffen gewagt.

Er gab ihnen die Hand und meinte: „Ihr heißt sicher Peter und Paul?“ Die Knaben mussten lachen. Gerd antwortete: „Ich heiße Gerd und das ist mein Bruder Ewald. Er ist acht und ich bin zehn Jahre alt, und wohnen tun wir in Berlin.“ „Das hast du fein gemacht,“ lobte der Fischer. „Nun wollt ihr gewiss wissen, wie ich heiße. Mein richtiger Name ist mir vor langer Zeit ins Meer gefallen und dort ertrunken. Seither nennt man mich den Alten oder den alten Usedum."

Der alte Fischer hatte im Nu das Herz der beiden Knaben gewonnen.

In seiner Arbeit ließ der Fischer sich während der Unterhaltung nicht stören. „Ich habe keine Zeit," meinte er lachend, „das Netz muss morgen vor Sonnenaufgang fertig sein. Sonst kann es geschehen, dass mir die Arbeit wegschwimmt." Die schweren, ausgearbeiteten Hände knüpften ohne Unterlass und mit einer Behändigkeit, die man seinen Fingern nicht zugetraut hätte. „Ein Fischer," fuhr er in seiner Unterhaltung fort, „der seine Netze nicht in Ordnung hält, ist ein schlechter Fischer. Dem huschen die Fische leicht durch die Maschen, und sehr bald hat er nichts mehr zu brechen und zu beißen. — So, jetzt habe ich's geschafft. Nun wollen wir mal sehen, was die Suppe macht. Er forderte die Brüder auf, ihm zu folgen. Sie traten in die sauber gehaltene Küche. Sogar ein paar Blumentöpfe mit Geranien und Fuchsien standen vor dem Fenster. Auf dem Herd brodelte die Suppe. Das ganze Haus roch nach Fisch. „Nun setzt euch mal auf die Bank, und wenn ihr einen Teller Fischsuppe mögt, dann könnt ihr mithalten." Der alte Fischer brachte drei irdene Näpfe und drei Holzlöffel. Nachdem er die Suppe aufgefüllt hatte, meinte er: „Ihr wundert euch sicher über die Holzlöffel. Wenn ihr die Suppe damit gegessen habt, mögt ihr später keine Löffel aus Metall mehr in den Mund nehmen."

Die Brüder saßen still da und aßen. Sie waren hier fremd und fühlten sich doch heimisch. Dieses ihnen bislang unbekannte Gefühl machte sie andächtig und verschlug ihnen ein wenig die Sprache.

Gerd stellte die erste Frage. „Vater Usedum, ist das das Meer, was da so rauscht?" „Jawohl, mein Junge", gab der Fischer zur Antwort, „die Wellen sind geschwätziger als zehn alte Frauen. Den lieben langen Tag und die ganze Nacht finden sie keine Ruh. Es ist ja schließlich auch kein Wunder. Sie kommen von weither, vielleicht von Amerika. Während der langen Reise haben sie nichts gesehen als nur Wasser. Auf die Dauer wird das langweilig, und nun, da sie an Land kommen, müssen sie ihre Neuigkeiten loswerden. Manchen Sommerabend habe ich im Boot gesessen und ihnen zugehört." Gerd meinte: „Bist du auch weit draußen gewesen?" Vater Usedum antwortete: „Zwei große Reisen habe ich hinter mich gebracht. Beide mit dem Walfänger." „Habt ihr auch Walfische gefangen?" forschte Gerd weiter. Der Fischer musste lachen. „Und ob wir welche eingebracht haben! Weit und breit hat unser Schiff nach Tran gestunken." Nun mischte Ewald sich ein. „Ich gehe später auch zur See und sehe mir die Welt an." „Magst du denn gerne reisen?" wollte Vater Usedum nun wissen. Beide Knaben antworteten gleichzeitig: „Wir möchten immer unterwegs sein." Dann fuhr Gerd allein fort: „Vor einigen Tagen sind meine Mutter, Ewald und ich mit dem Kutschwagen ganz weit weggewesen. Da war ein riesengroßer Wald; darin lag ein kleines Dorf. Mutti hat auch gesagt, wie das Dorf hieß. Hei..., Hei....". „Heiligenseel," ergänzte der alte Fischer. Gerd und Ewald nickten. Gerd fuhr fort: „Woher weißt du das?" Aber er wartete eine Antwort gar nicht erst ab. „Vor jedem Haus hingen Netze, genau wie bei dir. Was machen die Leute damit, Vater Usedum, Wasser habe ich nirgends gesehen, und das Meer war weit weg." „Ja," gab der Alte zur Antwort und zog mächtig an seiner Pfeife, „wie die Netze nach Heiligenseel kommen, das ist eine Geschichte für sich. Als die Knaben das Wort „Geschichte" hörten, gaben sie nicht eher Ruhe, bis Vater Usedum sich bereit erklärte, ihnen die Geschichte zu erzählen. Er ging zum Herd, klopfte seine Pfeife aus, stopfte sie und setzte sie umständlich in Brand. Bald entlockte er ihr dicke Rauchwolken. Danach begann er:

Vor vielen, vielen Jahren lebte dort in den Wäldern ein großer und mächtiger Herr. Viel Volk war ihm untertan. Sein Reichtum an Vieh, Kühen, Pferden, Schweinen und Geflügel, war gewaltig. Häufig zog er mit seinen Knechten ans Meer. Am Strand hatten sie viele Schiffe und kleinere Boote liegen. Die Boote benutzten sie zum Fischen. Mit den Schiffen befuhren sie das Meer. Von den großen Fahrten kehrte der Herr gewöhnlich mit reicher Beute heim. Er brachte Gefangene, goldene und silberne Schätze, kostbare Stoffe, Gewürze, herrliche Weine und Edelsteine. Jede glückliche Heimkehr wurde durch ein großes Fest gefeiert. Dann wurde gegessen und getrunken, was Keller und Haus nur hergeben wollten. Kampfspiele. wurden durch Tanzereien abgelöst, dann gab es Pferderennen, und gewöhnlich zog der Herr mit der ganzen Gesellschaft ans Meer und veranstaltete ein Wettrudern. Die Leute kamen von nah und fern. Jeder war gern gesehen und durfte essen und trinken nach Herzenslust. Gewöhnlich währte ein solches Fest acht Tage. Dann ließ der Herr auf einem mächtigen Kuhhorn blasen, zum Zeichen, dass das Fest beendet sei. Unter großem Hallo zogen die Gäste ab, und auf dem Hof ging alles wieder seinen gewohnten Gang. Man trieb das Vieh auf die Waldwiesen, bestellte die Felder, ging zur Jagd und zog wieder ans Meer zum Fischen.

Oftmals ließ der Herr sein Lieblingsross satteln und ritt allein an den Strand. Hier konnte er dann stundenlang sitzen, über das Meer blicken und träumen. Er liebte das Meer, freute sich über die kleinen Wellen, wenn sie bedächtig über den feinen Sand liefen und geriet in Entzücken, sobald der Sturm gewaltige Wogen mit weißen Schaumkronen heranjagte und sie auf das Ufer krachen ließ. Die Sehnsucht nach neuen Ländern, neuen Abenteuern erfasste ihn dann gewöhnlich so stark, dass er zu einem neuen Zuge richten ließ. Das ging viele Jahre so, und immer kehrte der Herr mit reicher Beute heim. Und jedes Mal gab es ein großes Fest.

Während des letzten Festes erzählte ihm ein fahrender Sänger von schwarzen Menschen, die weit im Süden leben sollten und vollständig nackt umhergingen. Auch sonst wusste der Sänger viele sonderbare Dinge zu berichten, von Seeschlangen, von einem Turm, der von der Erde bis in den Himmel reiche, von seltsamen Tieren mit einem Höcker auf dem Rücken, die in der Lage seien, vierzehn Tage lang ohne einen Tropfen Wasser bei großer Hitze gewaltige Märsche zurückzulegen. Diese Worte ließen dem Herrn keine Ruhe mehr, und er beschloss, diese Wunderdinge aufzusuchen. Er ließ neue Schiffe bauen und rüstete diese mit allem Nötigen, mit Speisen, mit Wasser und mit Waffen aus. Von seinen Knechten wählte er die kräftigsten und mutigsten, und als alles zur Abreise bereit war, stach er in See. Er fuhr immer nach Süden und erreichte auch wirklich das Land der schwarzen Menschen. Dort angekommen, tauschte er viele seltsame Dinge ein. Als er jedoch versuchte, einige der Schwarzen mit heimzunehmen, weigerten diese sich, ihr Land zu verlassen. Nun versuchte der Herr, einige mit Gewalt auf die Schiffe zu bringen. Es kam zu einem Kampf, in dem der Herr schwer verwundet wurde. Mit Mühe und Not brachten ihn seine Knechte auf ein Schiff und traten sofort die Heimreise an. Diesmal gab es kein Fest. Sie kamen nicht nur ohne Beute, sondern mit einem mehr sterbenden als lebenden Herrn. Es war ein trauriger Zug, der sich vom Strand zum Hof bewegte. Der Herr verbrachte viele Wochen auf seinem Lager, und als er wieder aufstehen konnte, stellte es sich heraus, dass er nicht mehr einen Schritt ohne fremde Hilfe machen konnte. Das nahm ihm alle Lebenslust. Er mochte nichts mehr sehen noch hören, sondern verging in Sehnsucht nach seinem geliebten Meer. Man versuchte ihn zu trösten, aber er schüttelte nur seinen Kopf und meinte: „Könnte ich nur das Rauschen des Meeres, vernehmen, dann wäre mir wohler." Seine Leute schlugen ihm vor, ihm am Meer ein Zelt zu errichten, damit er dort wohne. Aber der Herr scheute den beschwerlichen Weg. „Ich werde vor Schmerzen vergehen und das Meer weder sehen noch hören," gab er betrübt zur Antwort. Als seine Sehnsucht immer mächtiger wurde, setzte er eine große Belohnung aus, die dem zufallen sollte, der ihm das Rauschen des Meeres brächte. Nun verging kein Monat, in dem nicht irgendein Mensch auftauchte. Viele glaubten auf leichte Art und Weise in den

Besitz der Belohnung gelangen zu können und unterbreiteten irgendeinen dummen Vorschlag. Andere gaben sich die redlichste Mühe und versuchten ihr Bestes, um dem Herrn tatsächlich zu helfen. Ein Baumeister kam von weither. Er ließ einen künstlichen See herstellen und darüber ein Gerüst anbringen. Auf dem Gerüst brachte er große Bottiche unter, die mit Wasser gefüllt wurden. An jeden Bottich stellte er einen Knecht. Die Knechte mussten die Bottiche der Reihe nach Umstürzen. Die herabkommenden Wasser verursachten wohl allerlei Lärm, aber das Rauschen des Meeres konnten sie nicht vortäuschen. Der Herr hatte von diesem Versuch viel erwartet. Als auch er fehlgeschlagen war, gab er alle Hoffnung auf.

Eines Tages verlangte ein Fischer, den Herrn zu sprechen. Dieser lag auf einer Bank. Mit einer müden Handbewegung forderte er den Fischer auf, sich zu setzen und seinen Vorschlag kundzutun. Der Fischer begann: „Hört Ihr den Sturm draußen?“ „Was fragst du so dumm? Gewiss höre ich ihn,“ gab der Herr zur Antwort. Der Fischer ließ sich nicht beirren und fuhr fort: „Lass zwei Knechte hereinkommen. Sie sollen dich an einen Ort tragen, den ich ihnen zeigen werde. Vorher musst du mir aber erlauben, dass ich dir die Ohren verstopfe und die Augen verbinde.“ Der Herr wunderte sich, ließ den Fischer dann aber gewähren. Als alle Vorbereitungen getroffen waren, gab er den Knechten ein Zeichen. Diese hoben die Bank auf und folgten dem Fischer, der über den Hof stracks dem Walde zuschritt. Hier befahl er den Knechten, ihre Last abzustellen, und nahm dem Herrn das Wachs aus den Ohren. Die Augen ließ er verbunden. Dann fragte er ihn: „Hörst du etwas?“ Der Herr versuchte sich aufzurichten. Er war so erregt, dass ihm die Hände zitterten. Nachdem er eine Weile andächtig gelauscht hatte, gab er Antwort. „Fischer, wohin hast du mich gebracht? Ich höre das Meer rauschen und befinde mich trotzdem in der Nähe meines Hofes. Kannst du Wunder tun?“ Der Fischer nahm dem Herrn die Binde von den Augen und sagte: „Ich habe dich nur in deinen Wald tragen lassen. Sobald der Wind bläst, rauschen deine Bäume genau wie das Meer, das ist von jeher so gewesen, du bist dir dessen nur nicht bewusst geworden.“ Seither hatte der Herr neuen Lebensmut, und er brachte es schließlich noch soweit, dass er trotz der schweren Verletzung, die er sich in dem fernen Lande geholt hatte, ohne fremde Hilfe den Wald aufsuchen konnte.

Dem Fischer erlaubte er, sich so viel Land zu nehmen, wie er brauchte. Dieser siedelte sich dann auch an und bebaute sein Land.

Als der Herr starb, nähte man seine Leiche ein und versenkte sie im Meer, so wie er es gewünscht hatte. Der Hof geriet nach und nach in Verfall. Die Knechte und Mägde wanderten aus, und Erben hatte der Herr nicht hinterlassen. Bald lebte nur noch der Fischer mit seiner Familie dort. Zeitlebens hat er sein Anwesen nicht verlassen. Er ist dort gestorben und begraben. Seine Nachkommen haben es ähnlich gehalten. Von jedem Geschlecht bleiben ein oder zwei Söhne in Heiligenseel. Und so halten sie es auch heute noch. Die Fischerei sitzt ihnen noch im Blut, und von Zeit zu Zeit müssen sie dem Handwerk ihrer Väter nachgehen. Nun werdet ihr verstehen, wie es kommt, dass ihr tief im Walde und weitab vom Meer Netze finden konntet.“ Damit endete der Fischer und setzte seine Pfeife neu in Brand.

„Nun müssen wir aber gehen,“ meinte Gerd, „wir kommen ohnehin schon zu spät.“

Sie bedankten sich und versprachen, recht bald wiederzukommen. Der Fischer stellte ihnen eine neue Geschichte in Aussicht und trug ihnen Grüße an ihre Mutter auf.

Auf dem Heimweg stritten die Knaben miteinander. Sie konnten sich nicht einigen, wer von ihnen der Mutter die Geschichte des Fischers erzählen sollte.

Die beiden Tannen

Eine schöne, schlanke Tanne stand neben einer kleineren, allerdings ebenso gut gewachsenen. Die große Tanne war sehr stolz und trug ihre Spitze so hoch wie nur irgendein eitler Mensch sein Haupt. Sie sprach nicht viel; sagte sie jedoch einmal ein Wort, dann war dies eine große Gnade. Es konnte Vorkommen, dass sie eine Frage ihrer kleineren Schwester einfach überhörte. Und die kleine Tanne hätte sich so gern mit ihrer größeren Schwester unterhalten. Die große Tanne kannte das Leben, wusste mehr von den Tieren, dem Wind, dem Regen und dem Schnee. Die kleine Tanne hätte das auch gern gewusst, aber die große Tanne war viel zu stolz, ihr hierüber Auskunft zu geben. Sie duldete nicht, dass sich ein Vogel auf ihr niederließ. „Du bringst mir meine Nadeln in Unordnung und beschmutzt mir meinen Stamm," rief sie und schüttelte die Zweige, dass der Vogel erschrocken wieder davonflog. Und den Wind fuhr sie an: „Zerreiß mir nicht mein Kleid!" Stürmte er gar zu heftig, schrie sie: „Nimm dich in Acht! Du zerbrichst mir die Zweige." Aber der Wind lachte sie aus, blies die Backen auf und pustete, dass sich ihr Stamm bog. Vor Wut knirschte sie dann mit den Wurzeln und schwur dem Wind Rache. Aber der Wind hatte seinen Spaß daran und ließ sich nicht stören. Den Schnee konnte sie schon gar nicht leiden. Der war so unverschämt, sich so dick auf die Zweige zu legen, dass sie unter seiner Last stöhnten. Doch mochte sie noch so sehr klagen und sich schütteln, der Schnee blieb ruhig liegen, bis die Sonne kam und ihn wieder in Wasser verwandelte.

Anders die kleine Tanne. Sie liebte die Tiere, freute sich, wenn ein Häschen kam und unter ihren Zweigen auf den weichen Moospolstern Schutz suchte. Den Vögeln rief sie zu: „Kommt her, ihr kleinen bunten Sänger, ruht euch ein wenig aus und erzählt mir, was in der Welt alles vorgeht!" Und die Vögel kamen, setzten sich, stimmten ein Lied an von der großen, schönen und weiten Welt, und vergaßen niemals, ein Lob für die kleine Tanne einzuflechten.

Das erboste die ältere Schwester. Stolz und steif stand sie da und tat, als höre sie nichts, und dabei wäre sie am liebsten vor lauter Wut aus der Rinde gefahren.

Auch der Wind war der kleinen Tanne gut Freund. „Du brauchst keine Angst zu haben, ich tue dir nichts," rief er ihr im Vorbeirauschen zu. „Deine Schwester muss dir Schutz gewähren, ob sie will oder nicht. Zieh nur ein wenig deine Zweige ein, dann kann dir nichts geschehen." Das tat die kleine Tanne, sehr zum Verdruss der älteren. Wenn der Wind die größere gar zu sehr rüttelte und schüttelte, ließ sie ihre Wut an der kleineren aus und schrie: „Du dummes Ding, solltest mir lieber helfen, den wilden Gesellen ordentlich zu schlagen, aber du versteckst dich lieber, um dein kostbares Holz zu schonen." Streckte die kleinere Tanne dann aber mitfühlend ihre Zweige aus, schalt sie: „Bleib mir vom Leibe, du beschmutzt mir die Nadeln." Die kleine Tanne wurde dann sehr traurig, da sie es wirklich aufrichtig und gut gemeint hatte.

Im Winter, wenn es kalt wurde, freute sich die kleine Tanne auf den Besuch des Schnees. „Ich danke dir, lieber Schnee," konnte sie dann sagen, „dass du gekommen bist; mich zu wärmen." Wurde ihr die Last zu schwer, dann rückte er gern etwas zur Seite. Auch der Schnee liebte die kleine Tanne.

So ging das Leben viele Jahre dahin. Sommer und Winter, Frühling und Herbst wechselten miteinander ab. Jede Jahreszeit hatte ihre Eigenart.

Der Wind kam weit herum und konnte viel erzählen. Nach jeder Reise suchte er die kleine Tanne auf, und jedes Mal brachte er eine Neuigkeit, mit. „Weißt du," begann er, „wie groß das Meer ist? Das weißt du nicht, und das kannst du auch gar nicht wissen, denn es ist so unendlich groß, dass du es dir überhaupt nicht vorzustellen vermagst. Weit und breit siehst du nichts als Wasser. Vor vielen Jahren traf ich auf dem Meere eine deiner Schwestern. Du kennst sie nicht. Sie ist hier in der Nähe groß geworden. Ihren Stumpf müsstest du eigentlich noch sehen können. Da oben, bei dem großen Stein, wo der Bach einen Bogen macht, hat sie gestanden. Sie fuhr als Mast zur See und hatte schon beinahe die ganze Welt bereist."

Als die kleine Tanne das hörte, wurde sie sehr traurig. Sie fragte: „Was muss ich bloß tun, um auch dorthin zu gelangen? Ich möchte das weite Meer und die große Welt zu gern kennenlernen."

Darauf wusste der Wind nichts zu antworten, doch er tröstete sie: „Du brauchst deshalb nicht gleich die Zweige hängen zu lassen. Damals, als die Männer mit der großen Axt und der blanken Säge kamen und deine Schwester fällten, war sie sehr traurig und hat viele Harztropfen vergossen. Der Abschied ist ihr sehr schwer geworden. Wer weiß, vielleicht kommt das Glück auch noch zu dir." Die große Tanne konnte es auf den Tod nicht vertragen, wenn ihre jüngere Schwester mit dem Wind freundschaftlich plauderte. Sie sagte dann giftig: „Bilde dir nur nichts ein, dich nimmt man doch nicht. Ich besitze einen bedeutend schöneren Stamm als du, bin größer und schlanker gewachsen. Mir gibt man bestimmt den Vorzug." Sie war nicht nur eitel, sie war auch neidisch.

Der Wind sprach der kleinen Tanne gut zu: „Lass dir nur keine grauen Nadeln wachsen. Dieses stolze Ding, deine Schwester, weiß auch nicht mehr als wir. Wachse nur, du wirst schon dein Glück machen."

Wieder rückte ein Winter heran mit Kälte und Schnee. Die meisten Vögel waren nach dem Süden gezogen. Die Hasen, die Rehe, überhaupt alle Waldbewohner versuchten, sich vor der eisigen Kälte in Sicherheit zu bringen, und die kleine Tanne gab ihnen Schutz so gut sie konnte.

Eines Tages erschienen Männer in grünen Lodenjoppen und großen Stiefeln, mit einer scharfen Axt und einer großen Säge. Die Männer blieben bei den Tannen stehen. „Diese da," und dabei zeigte einer der Männer auf die große Tanne, „könnte uns schon passen." Gleich darauf schwangen sie ihre Axt, und es dauerte nicht lange, da lag die große Tanne gefällt am Boden. Man schlug ihr noch ein paar verdorrte Zweige ab und trug sie dann weg. Stolz und höhnisch, wie sie immer gewesen, nahm sie von ihrer Schwester Abschied: „Was habe ich dir gesagt? Jetzt siehst du's. Mir gibt man den Vorzug. Ich werde jetzt das Meer sehen und die große Welt kennenlernen." Sie hätte sich gern noch weiter herausgestrichen, aber zwei kräftige Fäuste trugen sie von dannen. Bald war sie den Blicken ihrer Schwester entschwunden.

Auf dem Waldweg stand ein Pferdefuhrwerk. Dort wurde sie mit vielen ihresgleichen auf einen Wagen geladen. Das passte ihr gar nicht. Sie drängte und schubste und rief: „Macht euch nicht so breit; ihr verderbt mir meine schönen Zweige."

Der Wagen fuhr in eine große Stadt. Auf dem Marktplatz wurden die Tannen abgeladen und in Reihe und Glied aufgestellt. Menschen kamen, verhandelten mit anderen Menschen, gingen bald wieder und nahmen eine Tanne mit.

Die stolze Tanne wurde von einem sehr vornehmen Herrn, der einen pelzgefütterten Mantel trug, gekauft und mit einem Auto nach einer großen Villa gefahren. Dort bekam sie einen Fuß angeschraubt, und man trug sie in einen warmen, prächtig eingerichteten Raum. Sie wurde bewundert und ob ihres guten Wuchses gelobt. Dann wurde sie geschmückt. Man behängte sie mit farbigen Kugeln, mit silbernen und goldenen Metallstreifen, setzte ihr rote Kerzen auf die Zweige, und zuletzt wurde ihr noch eine wundervolle Spitze aufgesetzt. Als die Menschen damit fertig waren, löschten sie die elektrischen Lampen und ließen die Tanne allein. Sie konnte keinen Zweig vor Augen sehen, so dunkel war es. „Wo bleiben nur die Sterne, wo bleibt der Mond?" dachte sie und fing an, sich ein wenig zu fürchten. Neben ihr stand ein großer, gewaltiger Bücherschrank. Die Tanne hätte gern gewusst, wo sie sich befand und was das übrige, die Kugeln, die Kerzen und die silberne Spitze, auf die sie so stolz war, zu bedeuten hatten. Aber ihr Stolz ließ es nicht zu, ein Wort an den Bücherschrank zu richten, der es ihr sicher hätte sagen können.

Als aber ein Fußbodenbrett knackte, bekam die Tanne einen jähen Schreck. In ihrer Angst vergaß sie ihren Stolz und fragte den Bücherschrank, was das zu bedeuten habe. Der Bücherschrank brummte etwas in seine großen Fächer, was sie nicht verstand. Nun wurde es der Tanne langsam unheimlich.

Auf dem Bücherschrank stand eine uralte, dickbauchige Vase. Diese hatte viel erlebt und noch mehr gesehen. Sie verstand auch mehrere Sprachen. Als die Vase merkte, wie die Tanne vor Angst zitterte, fühlte sie Mitleid mit ihr und sagte: „Der Bücherschrank versteht dich nicht. Er stammt aus Südamerika, das liegt sehr weit von hier, auf der anderen Seite des Meeres, du musst schon spanisch mit ihm reden, Deutsch versteht er nicht." Die Tanne wusste nicht, was „spanisch" war und schwieg, damit ihre Unwissenheit nicht bekannt würde. Doch die gutmütige Vase fuhr fort: „Du bist hier im Hause des reichen Überseekaufmanns Heldmann. Morgen feiern die Menschen ein schönes und großes Fest. Sie nennen es Weihnachten. Du wirst staunen über den Glanz und die Pracht, die dann in diesen Zimmern herrscht. Deine Kerzen werden in hellstem Glanze erstrahlen, das Haus wird nach Backwerk und anderen guten Dingen riechen, du wirst die Kinder lachen hören und strahlende Menschengesichter sehen."

Nun war die Tanne beruhigt. Sie versuchte, ein wenig auszuruhen, um morgen ja recht frisch zu sein. Aber sie konnte keinen Schlaf finden. Sie musste immer an morgen denken, an das, was die Vase gesagt hatte. Sie sah sich im

Mittelpunkt des Festes und war entschlossen, so stolz und so schön, wie ihr nur irgend möglich, dazustehen.

Am nächsten Abend kamen Menschen, brachten große Pakete, Teller mit Äpfeln und Nüssen, mit Feigen und Datteln, mit Marzipan und Backwerk. Bis auf jenen Herrn, der sie vom Markt geholt hatte, gingen die Menschen wieder. Der Herr zündete die Kerzen an, nahm eine Glocke zur Hand und ließ ein paar helle Töne erklingen. Darauf tat sich die Schiebetür auf, und viele festlich gekleidete Menschen betraten den Raum. Sie begannen die Pakete auszupacken und die darin befindlichen Sachen zu bewundern.

Die Tanne stand da, reckte und spreizte ihre Zweige und begriff nicht, dass sie trotz ihres vielen Schmuckes so wenig beachtet wurde.

Plötzlich wurden ihre Gedanken durch einen kleinen Jungen abgelenkt. Sie hörte die Worte: „Vater, sieh mal, was für ein schönes Schiff ich bekommen habe! Es hat sogar zwei Masten und eine ganze Menge Segel."

„Das ist also ein Schiff und ein Mast," dachte die Tanne. Aber dann konnte sie sich nicht vorstellen, dass ein derartiges zierliches Schiff in der Lage sei, das weite Meer zu befahren. Und die winzigen Masten erst! Um die herzustellen, würden ein paar Zweige genügen. Da konnte man sehen, wie dumm der Wind war. Sein ganzes Geschwätz war nichts als eitel Lüge.

Auch am nächsten Abend durfte sich die Tanne in vollem Glanze zeigen. Sie gab sich noch mehr Mühe aufzufallen, und als Herr Heldmann seinem Sohn sagte: „Schau dir mal den Tannenbaum an. Siehst du, wie selten schön und gerade der Stamm gewachsen ist? Der gäbe einen guten Mast für ein Segelboot," glaubte sie, nun sei ihre Stunde gekommen.

Sie sollte sich getäuscht haben. Man ließ sie noch einige Tage stehen, dann nahm man ihr den Schmuck, schraubte ihr den Fuß ab und warf sie in den Garten. Dort blieb sie den ganzen Winter über liegen. Sie verlor ihre Nadeln und glich bald einem hässlichen Gestrüpp. Später wurde sie zu Brennholz zerschlagen und in einen Ofen geworfen. Dort herrschte eine gewaltige Hitze. Sie verlor schnell die Besinnung und verbrannte.

Viele Jahre sind seither vergangen. Die kleine Tanne ist groß geworden, größer als ihre Schwester. Die Stelle, an der diese gestanden, ist kaum noch zu sehen. Der Stumpf bildet ein kleines Häufchen braunes, vermodertes Holz. Käfer und anderes Kleingetier finden in ihm eine billige und wohlfeile Wohnung. Ein hoher Adlerfarn hat sich zwischen ihren Wurzeln breitgemacht.

Die Vögel kamen nach wie vor. „Habt ihr nichts von meiner Schwester gehört?“ fragte die kleine Tanne sie häufig. Die Vögel wussten nichts zu berichten. „Sicher fährt meine Schwester lange als Mast auf einem Segelschiff,“ dachte die kleine Tanne.

Auch dem Wind war sie gut Freund geblieben. Im Vorbeirauschen rief er ihr zu: „Sei mir nicht gram, wenn ich dich zerre und schüttle. Davon wird dein Stamm nur stärker und geschmeidiger. Und wenn dir mal ein Zweig bricht, lass es dich nicht verdrießen. Ein Zweiglein wächst dir schon wieder.“ Fasste der Wind sie gar zu hart an, gab sie ihm einen ordentlichen Klaps. Hernach mussten dann beide lachen.

Die Tanne wuchs und wuchs. Ihr Stamm war eine wahre Pracht, groß und schlank und ohne Makel.

Eines Tages kamen die Männer wieder mit Axt und Säge und fingen an, die Tannen zu fällen. Während der Arbeit unterhielten sie sich: „Die Werft wird sich freuen, einen solchen Stamm hat sie bestimmt noch nicht gesehen.“ Die Tanne wusste nicht, was eine Werft ist, und machte sich Gedanken. Der Abschied fiel ihr schwer. Wind und Vögel gaben ihr noch eine Strecke Wegs das Geleit. Der Wind rief ihr nach: „Warte nur, wir sehen uns wieder. Das wird eine Freude sein.“

Die Tanne wurde zu einer Werft gebracht und dort in einen wunderschönen Mast verwandelt. Bald kam sie als Toppmast auf ein neuerbautes Segelschiff. Als das Schiff fertig war, wurde es getauft. Dann ging die Reise los.

Als die Tanne zum ersten Mal das Meer sah, kam sie aus dem Staunen nicht heraus. Gewaltige Wellen mit riesigen Schaumkronen kamen gerollt. Als sie merkte, wie leicht das Schiff über die brüllenden Ungetüme hinwegglitt, verlor sie schnell ihre Furcht. Auch den Sturm traf sie. Er war ein unverschämter, wilder Patron, der sie sofort anbrüllte, als sie sich nach ihrem alten Freund, dem Wind, erkundigte. Sie bekam einen furchtbaren Schreck, erholte sich aber schnell und bot ihm Trotz.

So zog sie auf ihrem Schiff viele Jahre durch die See, sah sich nach ihrer Schwester um und erkundigte sich in jedem Hafen. Kein Mast hatte je von ihr gehört.

In einer warmen, windstillen Nacht kamen zwei Männer in blauer, goldbetresster Uniform und setzten sich ihr zu Füßen auf eine Bank. Die beiden Männer waren Jugendfreunde, die einander nach vielen Jahren wieder begegnet waren. Jetzt fuhren sie heimwärts. Sie hatten sich viel zu erzählen. „Weißt du eigentlich, was mich einst veranlasst hat, Seeoffizier zu werden?“ fragte der eine.Als der andere „nein“ antwortete, fuhr er fort: „Als ich acht Jahre alt war, schenkte mein Vater mir zu Weihnachten ein Segelschiff. Am ersten Weihnachtstag, ich erinnere mich genau, machte er mich auf den wunderbar gewachsenen Stamm unseres Tannenbaumes aufmerksam und meinte, der könne einen guten Bootsmast abgeben. Damit fing es an.“

Als der Mast diese Worte hörte, wollte ihm der Gedanke an seine Schwester nicht mehr aus dem Kopf. „Das muss sie gewesen, das muss sie gewesen sein“, dachte er immer wieder und stöhnte.

Die beiden Männer hörten das Knarren. Sie unterbrachen ihr Gespräch, und der eine meinte: „Lass uns auf die Brücke gehen, ich glaube, es kommt Sturm auf.“

Er behielt recht. Der bisher sternenklare Himmel verdunkelte sich schnell. Und bald blies ein Sturm, wie ihn der Mast auf all seinen vielen Reisen noch nicht erlebt hatte. Der Mast hatte Mühe, sich zu behaupten. Die Gedanken an seine Schwester vergingen ihm. Er hat nie wieder etwas von ihr gehört. Wie sollte er auch?

Der faule Kuckuck

Vor vielen, vielen Jahren lebte in einem großen Walde gleich vielen anderen Tieren ein Kuckuck mit seiner Frau. Alle Tiere, auch die Kuckucke, hatten es gut. Nahrung gab es in Hülle und Fülle. Die Sonne schien nicht zu viel und nicht zu wenig, und allzu viele Feinde hatten die Kuckucke auch nicht. In einer hohen, dichtbelaubten Buche hatten sie sich ein molliges Nest hergerichtet. Darin lagen drei buntgesprenkelte Kuckuckseier. Frau Kuckuck saß auf ihnen und brütete. Sie dachte an die nun bald kommenden Kuckuckskinder und freute sich schon auf ihr kindliches Gepiepe. Der Kuckucksmann versorgte seine Frau mit Nahrung. Bald brachte er eine fette Raupe, bald eine kleine Schnecke, und jedes Mal fragte er, worauf sie jetzt Appetit habe, und wenn ihr die Beine vom langen Sitzen lahm geworden waren, löste er sie ab.

Eines Tages, als er gerade wieder auf den Eiern saß, kam die Elster daher. Als sie den Kuckuck auf seinem Nest gewahrte, unterbrach sie ihren Flug und setzte sich zu ihm. Sie erkundigte sich teilnahmsvoll, wie es ihm gehe, was er treibe, und meinte dann: „Ich an deiner Stelle würde nicht das Nest hüten und die Eier warmhalten. Du hast doch eine Frau. Sie hat die Eier gelegt und mag sie auch ausbrüten. Das ist keine Arbeit für einen Mann!“

Der Kuckuck wollte ihr den Fall erklären. Aber sie breitete die Flügel, flog davon und lachte so hässlich, wie nur eine Elster lachen kann.

Während der Kuckuck dasaß und nicht wusste, was er wohl tun könne, gingen ihm die Worte der Elster durch den Kopf. Er dachte: „Sie hat gar nicht so unrecht. Auch möchte ich wissen, wo meine Frau bleibt. Auf den Eiern habe ich jetzt lange genug gesessen.“ Er rutschte heftig hin und her, wobei er beinahe ein Ei aus dem Nest gestoßen hätte.

Papa Kuckuck war inzwischen ordentlich wütend geworden. Als seine Frau endlich von ihrem Ausflug zurückkam, begann er zu schimpfen: „Stundenlang lässt du mich hier brüten. Der Magen hängt mir schon schief. Außerdem habe ich anderes zu tun, als auf deine Eier zu passen."

Frau Kuckuck wollte ihn beruhigen und sagte: „Nun sei nur nicht gleich so ungehalten. Schließlich sind es ja auch deine Kinder."

„M e i n e Kinder?" rief der Herzlose, „nix da. Das sind deine Kinder! Du hast die Eier gelegt und magst sie auch ausbrüten. Ich will damit nichts mehr zu tun haben." Zornig verließ er das Nest und flog davon.

Seine Frau rief ihm nach, dass in einigen Tagen die Jungen ausschlüpfen würden, er müsse ihr dann helfen. Allein könne sie die hungrigen Mäuler nicht stopfen.

Aber Vater Kuckuck hörte nichts mehr. Die Worte der Elster waren ihm zu Kopf gestiegen. Plötzlich empfand er überhaupt keine Lust mehr, sich noch weiter um Frau und Kinder zu kümmern. Die mochten sehen, wie sie fertig wurden. Er flog weiter und immer weiter.

Am übernächsten Tage lagen drei kleine Wollbälle im Nest, sperrten die gelben Schnäbel auf und piepsten. Frau Kuckuck hatte viel zu tun, die ewig hungrigen Kinder satt zu kriegen. Vom frühen Morgen bis zum späten Abend war sie unterwegs.

Einmal traf sie ihren Mann. Sie klagte ihm ihr Leid und bat ihn, ihr doch behilflich zu sein.

Dieser lachte sie aus und flog seiner Wege.

Als Frau Kuckuck merkte, dass ihr Mann nicht wiederkommen werde, wurde sie ärgerlich, erst auf ihren Mann, dann auf die Kinder, die ihrer Meinung nach einzig und allein die Schuld an dem Zerwürfnis trugen. Sie dachte: „Was mein Mann kann, das kann ich auch", flog davon und ließ ihre Kinder schreien, soviel sie wollten.

Die Kleinen wurden immer hungriger. Sie füllten den Wald mit ihrem Geschrei. Die alte Buche versuchte, sie zu trösten. Aber die Kleinen verstanden die Buche nicht. Sie hatten Hunger, da halfen keine Worte.

Ganz in der Nähe wohnte ein Buchfinkenpaar. Als die kleinen Kuckucke nicht aufhörten zu schreien, bekamen die Buchfinken Mitleid mit den hungernden kleinen Wesen, und in ihrem guten Herzen beschlossen sie, die Kleinen mit satt zu machen.

Die Kuckucke trieben sich wie echte Vagabunden in den Wäldern umher.

Als Frau Kuckuck eines Tages zufällig in ihre alte Gegend kam, erwachte in ihr die Neugier. „Ich will doch mal sehen, was meine Jungen machen", dachte sie und suchte ihr altes Nest auf. In der Nähe versteckte sie sich und konnte nun beobachten, wie das Buchfinkenpaar die jungen Kuckucke mit Futter versorgte. Die kleinen Pflegeeltern hatten viel zu tun, denn die jungen Kuckucke waren überhaupt nicht satt zu kriegen. Sie schrien und lärmten, dass man hätte glauben können, sie seien kurz vor dem Verhungern. Und dabei waren sie ihren Pflegeeltern lange über den Kopf gewachsen. An ihre eignen Kinder konnten die Buchfinken kaum noch denken.

Als Mutter Kuckuck die Buchfinken so emsig bei der Arbeit sah, kam ihr ein teuflischer Gedanke: „Künftig legst du den Singvögeln deine Eier einfach ins Nest! Die können sich mit den Gören dann sorgen und plagen." Sie tat es, und leider folgten alle Kuckucksmütter ihrem Beispiel, und so ist's dann geblieben bis auf den heutigen Tag.

Seither lebt der Kuckuck einsam. Er kennt kein eigenes Heim, hört kein freudiges Gepiepse, und seine Kinder bleiben ihm fremd.

Darüber ist der Kuckuck ein scheuer Vogel geworden, der sich nicht gern sehen lässt. Er schämt sich und wird sich auch weiterhin schämen, solange, bis er seine Eier wieder selbst ausbrütet und wieder für seine Jungen sorgt.

Wörterbuch
Dolls
Night Stories
Animals

Die Puppe Amodie

Die Eltern liebten Klein Ursel, und Klein Ursel liebte ihre Eltern, aber ihre Liebe war etwas Selbstverständliches, was zu ihrem Leben gehörte wie Morgen und Abend zum Tag. Freunde und Bekannte hatten Klein Urssel ebenfalls in ihr Herz geschlossen. Onkel Paul brachte ihr gewöhnlich Schokolade mit, Onkel Heinz steckte ihr Bonbons zu, von denen Tante Hedwig zwar behauptete, sie verdürben vorzeitig die Zähne. Aber sonst war Tante Hedwig herzensgut: sie versorgte Klein Ursel regelmäßig mit selbstgestrickten Strümpfen, Höschen und Leibchen. Es gab noch bedeutend mehr Menschen, die Klein Ursel lieb hatten. Aber für Klein Ursel zählten sie alle nicht. Sie hatte nur eine große Liebe: Amodie. Mit Amodie konnte sie machen, was sie wollte. Amodie war ihre Lieblingspuppe. Sie war alt und hässlich, aber Klein Ursel liebte sie trotzdem über alle Maßen, für sie war Amodie irgendwie schön. Ihr Leib war aus Leinen gemacht und mit Sägemehl gefüllt, ihr Kopf bestand aus Holz. Er war grau und abgegriffen. Es fiel schwer, Mund, Nase und Augen zu erkennen, und die Haare waren so spärlich, dass sie kaum zu einem winzigen Zopf reichten. Manchmal zerriss das Leinen an den Armen und Beinen. Dann war Amodie krank und musste das Bett hüten, solange, bis die Mutter die Wunde wieder vernäht hatte. Amodie besaß auch Geschwister. Sie waren bedeutend größer, waren besser gekleidet, hatten sogar Augen, die sie auf- und zumachen konnten, und einen hübschen roten Mund mit richtigen kleinen Zähnen. Trotz all dieser Vorzüge spielten sie jedoch in Klein Ursels Leben nur eine bescheidene Rolle. Sie mussten Amodie bedienen, ihr Essen kochen und, wenn es ganz hoch kam, ihr Gesellschaft leisten. Klein Ursels Liebe gehörte nun einmal ihrer Puppe Amodie, und diese Liebe war unteilbar.

Der Mutter war Amodie schon lange ein Dorn im Auge. Immer häufiger riss der mürbe gewordene Puppenleib und verstreute seinen Inhalt auf den Teppich. Die ständig dünner werdenden Arme und Beine hingen schlaff am Körper. Eines Tages musste Amodie wieder das Bett hüten. Der kleine Puppenleib war von oben bis unten geplatzt und sein Inhalt lag verstreut in der Wohnung umher. „Wann machst du Amodie wieder gesund?" fragte Klein Ursel ihre Mutter. Die Mutter versuchte, sie zu vertrösten: „Später, mein Kind. Amodie ist diesmal schwer krank, und ich fürchte, wir können sie nicht wieder gesund machen." Klein Ursel begann zu weinen. „Wenn Amodie nicht wieder besser wird, dann mag ich auch nicht mehr leben." „Du Dummerchen", meinte die Mutter und nahm sie in ihre Arme. „Du hast so viele und so schöne Puppen, die nur darauf warten, von dir geliebt zu werden. Versuch's einmal, du wirst sehen, wie gut sich's mit ihnen spielen lässt." Hiervon wollte Klein Ursel jedoch nichts wissen. „Ich liebe Amodie", meinte sie, „und Amodie muss wieder gesund werden." Aber Amodie wurde nicht wieder gesund. Die Mutter verschob ihr helfendes Werk von einem Tag auf den andern, und eines Tages war Amodie verschwunden. Klein Ursel war untröstlich. Sie wich kaum von dem leeren Bettchen und saß Abend für Abend am Fenster, schaute nach den Sternen und meinte, Amodie winke ihr zu. In keinem Gebet wurde Amodie vergessen.

Es dauerte lange, bis Klein Ursel diesen ihren ersten großen Schmerz überwunden hatte und eine andere Puppe zu ihrem Liebling machte. Aber so herzlich wie zu Amodie wurde das Verhältnis nicht. Amodie blieb einmalig. Und es kam immer wieder vor, dass sie ihrer gedachte und dann von keiner anderen Puppe etwas wissen wollte. Amodies Bettchen blieb unberührt. Die anderen Puppen mochten sehen, wo sie schliefen. Amodies Bettchen musste frei bleiben, denn einmal, so glaubte sie, würde Amodie wiederkommen.

Amodie selbst jedoch war vom Ascheimermann mitgenommen worden. In einem dunklen eisernen Wagen hatte man ihren zusammengefallenen Leib zum Verbrennungsofen gefahren. Dort lag er auf einem großen Haufen zwischen

Asche, Papierresten, Stofffetzen, Glasscherben und Küchenabfällen. Es roch entsetzlich, und ihr wurde schrecklich elend, was bei ihrer Schwäche nicht wundernahm. Sie stöhnte zwar einige Male und versuchte sich aufzurichten, aber hierzu reichten ihre Kräfte nicht, und die leisen Seufzer verhallten ungehört. Als es dunkel wurde, wartete Amodie vergeblich auf Klein Ursel, dass sie komme und sie ins Bett bringe. Auch am Morgen ließ sich keine Klein Ursel sehen. Dafür aber erschien ein gefährlich aussehender Mann mit einem schwarzen Bart und einer großen eisernen Forke mit vielen blanken Zinken. Der Mann begann die Abfälle in einen Schubkarren zu werfen, um ihren Inhalt hernach in einen großen Ofen zu schütten, in dem ein mächtiges Feuer brannte. Der Mann kam dem Haufen, auf dem Amodie lag, ständig näher, und Amodie wurde immer ängstlicher. Sie fürchtete sich vor dem Feuer. Sie sehnte sich nach Klein Ursel und verstand nicht, warum sie von ihr vergessen wurde. In dem Schuppen war es zugig und dreckig, hier hörte man kein liebes Wort, hier war man so fürchterlich verlassen.

Gegen Nachmittag sah der Mann Amodie liegen. Er wollte sie gerade auf seinen Karren werfen, als er sich besann. „Wenn ich die Puppe etwas herrichte", so dachte er, „dann kann meine Tochter noch mit ihr spielen." Er klopfte ihr den Staub vom Kleidchen und legte sie beiseite. Der Gefahr, verbrannt zu werden, war Amodie fürs erste entgangen, aber ihre Umgebung war nicht besser geworden. Sie lag neben einer alten verrosteten Bratpfanne, einer verbogenen Kohlenschaufel, einem verbeulten Eimer und vielen anderen unschönen Dingen, die der Mann in der Meinung, sie noch verwenden zu können, aus dem Müll hervorgesucht hatte. „Der Mann", so glaubte Amodie, „wird mich wieder zu Klein Ursel bringen" und malte sich die Wiedersehensfreude aus. Sie fühlte sich schon von Klein Ursel geherzt und geküsst und stellte sich vor, wie es sein würde, wieder in ihrem Puppenbettchen zu schlafen. Sobald es dunkel geworden war, stellte der Mann seine Arbeit ein. Er wusch sich in einem alten Eimer, trocknete sich ab, zog eine andere Jacke an und ging, ohne sich weiter um Amodie zu kümmern.

Während der Nacht fror Amodie entsetzlich. Sie hatte nur ein Hemdchen und ein dünnes Kleidchen an und besaß nicht einmal ein Stückchen Papier, um sich damit zuzudecken. Außerdem war es ihr unheimlich, so mutterseelenallein in der weiten Halle zu liegen und kein liebes Wort zu hören. Hier raschelte etwas, dort knisterte es, von dem sie nicht wusste, was es zu bedeuten habe. Während der ganzen Nacht fand sie keinen Schlaf und war froh, als es wieder hell wurde und der Mann mit dem schwarzen Bart erschien, um seine Arbeit wieder aufzunehmen. Aber der Mann kümmerte sich nicht um sie, und als es Abend wurde, lag sie noch genauso da wie tags zuvor. Auch am nächsten und übernächsten Tag hatte der Mann keinen Blick für Amodie. Sie wurde immer elender. Ihr Kleid verdreckte, und über ihr kleines Gesichtchen legte sich eine Staubschicht, die bald so dick wurde, dass man von ihm nichts mehr erkennen konnte. Amodie war verzweifelt und konnte vor lauter Traurigkeit nichts mehr denken. Ihr frohes und sorgloses Leben lag so weit, dass sie sich dessen kaum noch erinnerte, und sie begriff immer weniger, dass Klein Ursel nicht kam und sie wieder glücklich machte. Aber Klein Ursel hatte Amodie nicht vergessen. Sie besaß zwar eine neue Lieblingspuppe, aber trotzdem fragte sie ihre Mutter fast täglich, ob Amodie noch immer nicht zurückkomme. Der Mutter tat es schon lange leid, Amodie auf den Ascheimer geworfen zu haben, doch konnte sie jetzt nichts mehr tun, als Klein Ursel zu trösten und ihr zu sagen, dass Amodie bei den lieben Engeln im Himmel sei und stündlich zu ihr hinabschaue.

Das Kind glaubte seiner Mutter zwar, meinte aber, dass es von Amodie nicht recht sei, immer nur herabzuschauen, viel lieber wäre es ihr, wenn sie käme, um mit ihr zu spielen.

So wartete Amodie auf Klein Ursel und Klein Ursel auf Amodie. Diese lag immer noch dort, wohin der Mann mit dem schwarzen Bart sie gelegt hatte. Wohl hatte sie in der

Zwischenzeit von einem alten Teddybären, dem ein Bein fehlte, Gesellschaft bekommen, aber der Teddybär schien auch seine Sorgen zu haben. Er war brummig und hielt es für unter seiner Würde, sich mit dem kleinen Puppending zu unterhalten. Amodie wurde so traurig, dass sie sich den Tod wünschte.

Nachdem mehrere Monate ins Land gegangen waren, nahm der Mann eines Tages Amodie und den Teddybären mit heim. Weihnachten stand vor der Tür und mit der Puppe und dem Bären wollte er seinem Töchterchen eine Freude bereiten. Seine Frau flickte Amodies zerstörten Leib, füllte ihn neu mit Sägemehl und nähte ihr ein neues Kleidchen. Augen, Nase und Mund wurden neu gemalt, und Amodie wurde wieder eine richtige Puppe, heil und gesund, mit schönen roten Backen. Zum Schluss bekam sie noch ein Paar nagelneue schwarze Lackschuhe, auf die sie nicht wenig stolz war. Auch der Teddybär hatte ein neues Bein bekommen und sah auch sonst wieder ganz manierlich aus. Das hob seine Laune und veranlasste ihn, manchmal lustig zu brummen.

So rückte der Heilige Abend heran. Auf dem Tisch in der guten Stube stand ein Tannenbaum mit vielen bunten Kugeln, mit Lametta, mit Zuckerwerk und farbigen Kerzen, die alle lustig brannten. In dem kleinen Ofen knisterte ein Feuer und verbreitete eine angenehme Wärme. Die Wohnung roch nach Kuchen und gutem Essen. Der Mann mit dem schwarzen Bart stand in seinem besten Anzug vor dem Baum. In seiner Hand hielt er eine Klingel. Nachdem ihr silbernes Stimmchen verklungen war, wurde die Tür geöffnet. In ihrem Rahmen stand ein kleines Mädchen und schaute aus großen Augen auf den geschmückten Baum. Plötzlich entdeckte sie die unter dem Baum liegenden Geschenke. Sie jubelte und machte sich daran, die Geschenke zu bewundern, und bald waren der Baum, das warme Zimmer und die auf dem Sofa sitzenden Eltern vergessen. „Eine Puppe, eine wunderschöne Puppe mit Augen und ganz neuen Lackschuhen“, rief die

Kleine begeistert und eilte zu ihren Eltern, damit auch diese das Wunder sähen.

Für Amodie wurde es ein wundervoller Abend. Das kleine Mädchen herzte und küsste Amodie und brachte sie später auf dem Sofa unter vielen Kissen zu Bett. Amodie war wieder froh geworden, obwohl sie das alles nicht recht verstand. Vor allen Dingen konnte sie sich nicht erklären, warum Klein Ursel, nun da sie wieder einen gesunden Körper und ein schönes Kleid besaß, nicht zu ihr kam und sie holte. Das kleine Mädchen, das sie so weich gebettet hatte und auch sonst sehr lieb zu ihr war, gefiel ihr schon, aber viel lieber hätte sie auf Klein Ursels Schoß gesessen und ihr von dem großen, glühenden Ofen, dem unheimlichen Schuppen, den kalten Nächten und dem brummigen Teddybären erzählt. Aber so sehr sie an Klein Ursel auch dachte, Klein Ursel war und blieb verschwunden.

Während der Nacht schneite es. Auf den Dächern, den Straßen, den Bäumen und Büschen, überall lag am nächsten Morgen weißer, glänzender Schnee. Kein Lüftchen rührte sich, und die Sonne schien prächtig. Die Mutter zog ihrem Töchterchen einen warmen Mantel an, diese nahm Amodie auf den Arm und ging auf die Straße, um den anderen Kindern ihre Puppe zu zeigen. Auch für sie gab es viel zu sehen, denn jedes Kind hatte irgend etwas Schönes aufzuweisen.

Unter den Kindern befand sich auch Klein Ursel, „Ich habe eine schöne Puppe bekommen“, meinte das kleine Mädchen und hielt Klein Ursel Amodie hin, damit diese sie gebührend bewundere. Klein Ursel erkannte Amodie nicht sofort. Allerdings weckte der Anblick Amodies seltsame Gefühle in ihr. „Ist das deine Puppe?“ fragte Klein Ursel das Mädchen. „Wessen sollte es sonst wohl sein?“ antwortete das Mädchen. „Hat sie hinten ein kleines Loch im Kopf?“ wollte Klein Ursel nun wissen. So genau hatte sich das Mädchen die Puppe noch nicht angesehen. Nun sah sie nach und entdeckte tatsächlich am Hinterkopf ein kleines Loch. Auch Klein Ursel sah das Loch. Sie wurde ganz aufgeregt und rief:

„Das ist meine Puppe! Das ist Amodie! Sie war im Himmel und ist jetzt zurückgekommen“, und machte Anstalten, die Puppe an sich zu nehmen. Hiermit war das Mädchen aber nicht einverstanden. Es entriss ihr die Puppe und lief davon. Klein Ursel begann zu weinen und lief ebenfalls heimwärts, um ihrer Mutter alles zu erzählen. Zu Haus gab es eine große Aufregung.

Klein Ursel ließ sich nicht wieder beruhigen. Sie wollte nichts mehr essen und trinken, und für ihre Weihnachtsgeschenke hatte sie keinen Blick mehr übrig. Sie jammerte: „Warum kommt Amodie nicht zu m i r ? Das fremde Mädchen kennt sie doch gar nicht. Ich, nur ich, habe Amodie lieb.“ Klein Ursels Eltern wussten nicht, was sie tun sollten. Am nächsten Tag meinte der Vater, ob sie wüsste, wo das kleine Mädchen wohnte. „Würdest du deine beste Puppe hergeben“, fragte der Vater weiter, „wenn Amodie wieder zu dir käme?“ Klein Ursel wischte sich die Tränen ab und sah ihren Vater derart glücklich an, dass es keiner weiteren Antwort bedurfte. Mit ihrer schönsten Puppe auf dem Arm machten sich Klein Ursel und ihr Vater auf den Weg. Dann hatte der Vater mit der Mutter des Mädchens eine kleine Unterredung. Hernach wurde das kleine Mädchen gerufen. Als dieses hörte, dass die große schöne Puppe ihr gehören solle, wenn sie Klein Ursel Amodie zurückgebe, war es überglücklich und willigte gern in den Tausch. An diesem Tag gab es kein glücklicheres Kind als Klein Ursel. Amodie durfte nicht von ihrer Seite weichen und musste auch die ganze Nacht bei ihr schlafen. Und jeden Tag, wohl an die zwanzigmal, ermahnte Klein Ursel ihre Puppe: „Hörst du wohl, Amodie, du darfst mich nie, nie, nie wieder verlassen!“

Heute ist Klein Ursel schon ein richtiges Fräulein, das zur Tanzstunde geht und nicht mehr mit Puppen spielt; aber von Amodie kann sie sich selbst heute noch nicht trennen. Die alte Puppe Amodie schläft in ihrem Schrank, dort wo die vielen geschliffenen Fläschchen stehen, die, wenn sie geöffnet werden, so verführerisch duften.

Kaspers Rache

Wie viele Jahre seither vergangen sind, weiß ich nicht, wenige sind es bestimmt nicht; denn dann würde ich es wissen. Aber zu der Zeit gab es einen Kasper, der ein ganzer Kerl war. Gegen seinen Witz konnte so leicht keiner aufkommen, und Furcht kannte er auch nicht, ja, nicht einmal vor dem reichen Getreidehändler Gerstenkorn hatte er Respekt.

Die Kasperbude stand damals neben der alten Kirche mit dem hohen Turm, in dem die Glocken hängen, die an Sonntagen so herrlich bim-bam machen. Die Kirche steht heute noch, aber Kasper ist lange tot, und von seiner Bude ist auch nichts mehr übrig.

Der reiche und wohlbeleibte Herr Gerstenkorn hatte mit seinem achtjährigen Sohn den Jahrmarkt mit seinen Schaubuden, seinen Karussells, seinen Kuchen- und Nürnberger Tandbuden besucht. Auf ihrem Heimweg kamen sie an der Kasperbude vorbei. Kasper drehte dem schwarzen Teufel gerade eine Nase nach der andern. Der Teufel wurde zur Belustigung der vielen kleinen Zuschauer immer wütender, was ihm aber nicht viel nützte; Kasper brachte ihn trotzdem an den Galgen. Der junge Gerstenkorn wollte sich über Kasper halb totlachen. Auch Vater Gerstenkorn konnte ein Lächeln nicht unterdrücken.

Während sie dastanden und sich an den Späßen erfreuten, trat eine Frau mit einem Kopftuch und einer blauen Küchenschürze an sie heran und hielt dem alten Gerstenkorn einen Blechteller hin. Sie sammelte Geld für Kasper. Der alte Gerstenkorn tat, als sehe er den Teller nicht, und überhörte auch die von der Frau bescheiden ausgesprochene Bitte. Sein Sohn, der Mitleid mit ihr empfand, gab seinem Vater ein Zeichen. Vater Gerstenkorn nahm auch hiervon keine Notiz. Er murmelte einige unverständliche Worte, drehte sich um und ging, ohne auf die Bitte seines Sohnes, den Schluss der Vorstellung abzuwarten, zu hören.

Auf dem Heimweg fragte er seinen Vater, ob die Frau ihm etwas getan habe. „Wieso getan?“ meinte dieser. „Weil du ihr kein Geld gegeben hast“, antwortete der Sohn. „Ach so“, brummte Vater Gerstenkorn und wusste im Augenblick nichts mehr zu sagen. Nach einer kleinen Pause fuhr er fort: „Man muss sparen und jeden Groschen dreimal umdrehen, bevor man ihn ausgibt, sonst bringt man's zu nichts.“ Der kleine Gerstenkorn konnte sich unter diesen Worten nicht viel vorstellen, da sie jedoch von seinem Vater kamen, der von so vielen Leuten höflich gegrüßt wurde, glaubte er, sie seien schon richtig, und fragte nicht weiter.

Kasper, der gute Augen besaß und weit sehen konnte, hatte den Vorgang bemerkt. Er ärgerte sich über den reichen Mann und beschloss, ihm einen ordentlichen Streich zu spielen.

Als es dunkel geworden war und alle ordentlichen Menschen bereits in ihren Betten lagen und schliefen, weckte Kasper den Teufel, den Schutzmann, den Tod, die beiden Schlossfräulein in ihren schönen Kleidern, überhaupt alle Figuren, die sich in der Bude befanden. Sogar die große Brillenschlange wurde in ihrer Ruhe gestört. Die Figuren wollten erst ärgerlich werden, als sie dann aber hörten, was Kasper im Schilde führte, waren sie sofort bereit, ihm zu folgen. Ja, der Teufel geriet rein aus dem Häuschen. Er schwang seinen Dreizack und rollte so fürchterlich die Augen, dass einem angst und bange werden konnte. Der Tod kicherte und klapperte mit seinen dürren Knochen. Der Schutzmann strich seinen Schnurrbart und brummte etwas von verhaften und abführen. Die ganze Gesellschaft ordnete sich zu einem Zug und machte sich auf den Weg. Kasper und der Schutzmann marschierten an der Spitze. Aber keiner wusste, wie der reiche Mann hieß, noch wo er wohnte. Sie machten halt und beratschlagten. Aber den Weg hätten sie nie gefunden, wenn nicht der Nachtwächter gewesen wäre. Dieser entdeckte auf seinem nächtlichen Rundgang die Versammlung, und wollte sie kraft seines Amtes nach Hause schicken oder, wenn sie Widerstand leisten würden, bis zum Morgen in das Spritzenhaus sperren. Aber der Schutzmann rettete die Situation. Er teilte dem Nachtwächter den Grund ihres nächtlichen Ausflugs mit und machte ihn darauf aufmerksam, dass sie Kollegen seien, und er verpflichtet sei, ihnen zu helfen. Seine Worte machten auf den Nachtwächter einen gewissen Eindruck, und da der Schutzmann gerade einen neuen Dienstrock mit schönen blanken Knöpfen bekommen hatte und auch die Metallteile seines Helmes herausfordernd funkelten, glaubte er, nicht anders handeln zu können, und zeigte ihnen den Weg. Er meinte: „Das kann nur der alte Gerstenkorn gewesen sein. Es gibt in unserer Stadt keinen größeren Geizkragen als ihn." Im Stillen freute er sich, dass diesem ein ordentlicher Schabernack gespielt werden sollte. Laut fügte er jedoch hinzu: „Aber hütet euch mit dem Gesetz in Konflikt zu kommen. Es sollte mir leidtun, euch später verhaften zu müssen." Die Figuren lachten, und Kasper meinte: „Vergesst nur nicht in Euer Horn zu tuten, damit wir wissen, was die Stunde geschlagen hat." Der Schutzmann verabschiedete sich besonders. Er legte die Hand an den Helm, wie er es früher einmal bei einem richtigen Schutzmann gesehen hatte, und meinte wichtig, er werde schon beide Augen offenhalten, damit kein Unheil entstehe. Danach setzte sich die Gesellschaft wieder in Bewegung.

Es war ein seltsamer Zug, der durch die spärlich erleuchteten Straßen zog. Der Teufel gebärdete sich wie toll. Kasper musste ihm gut zureden, er hätte sonst bestimmt eine Dummheit angestellt. Auch der Tod war trotz seiner Spiddeligkeit kaum zu bändigen. Er hätte den alten Gerstenkorn am liebsten sofort aus dem Bett geholt und ihn mitgenommen. Aber Kasper hatte sie allesamt gut am Bande, und wenn sie auch sonst auf Kasper nicht gut zu sprechen waren, heute ließen sie sich von ihm leiten.

Endlich hatten sie das Haus erreicht. Es lag in einem großen parkähnlichen Garten, der von einem hohen eisernen Gitter umgeben war. Neben dem Wohnhause stand ein noch größeres Haus. Das war das Lager, in dem Gerstenkorn einen Teil seiner Ware untergebracht hatte. Die Gartentür war verschlossen. Das störte sie jedoch wenig. Kasper war der erste, der am Gitter hinaufkletterte. Die übrigen folgten ihm, sogar die beiden zarten Schlossfräulein kamen mit Hilfe des Schutzmanns und des Teufels hinüber. Die Brillenschlange kroch durch eine Öffnung zwischen zwei Eisenstäben und gelangte so ohne Schwierigkeiten in den Garten. Als die Gesellschaft jedoch vor dem Haus stand, wussten sie nicht, was sie anstellen sollten, um ihr Vorhaben auszuführen. Sämtliche Türen und Fenster waren verschlossen. Sie gingen um das Haus herum, aber so sehr sie auch suchten, es schien, als sollten sie unverrichteter Sache wieder abziehen. Zuletzt entdeckte Kasper auf dem Dach einen Hahn, der Tag und Nacht, Sommer wie Winter dort sitzen musste, um nach dem Wetter Ausschau zu halten und die Richtung des Windes anzuzeigen. Kasper legte seine Hände zusammen und rief hinauf. Der Wetterhahn war, da sich kein Lüftchen rührte und er nichts zu tun hatte, ein wenig eingenickt, und es dauerte eine Weile, bevor er begriffen hatte, was man von ihm wollte. Dann jedoch antwortete er: „Lasst mich einen Augenblick nachdenken, vielleicht fällt mir etwas ein.“

Auch er war auf den alten Gerstenkorn schlecht zu sprechen. Viele Jahre saß er nun schon auf dem Dach, und der alte Gerstenkorn hatte es bisher noch nicht für nötig gehalten, ihm zuzuwinken, wie es der kleine Gerstenkorn stets tat, sobald er draußen im Garten spielte. Endlich kam ihm ein Gedanke. Er rief: „Ich hab’s, ich hab’s. Geht in das Haus nebenan. Dort lagert Gerstenkorn seinen Weizen und Roggen. Öffnet die Säcke und lasst alles Korn durcheinanderlaufen.“ Der Vorschlag fand den Beifall der ganzen Gesellschaft. Vor lauter Begeisterung vergaß Kasper sogar, sich zu bedanken, was vom Wetterhahn übel vermerkt wurde.

Beim Lagerhaus hatte der Schutzmann das große Wort. Er meinte, dass Leute, die von Amts wegen dazu berufen seien, Missetäter aufzuspüren, auch die Fähigkeit besäßen, in Fällen wie heute, einen Zugang zum Lagerhaus zu finden. Aber der Schutzmann hatte kein Glück; der Tod, der ohnehin überall, sobald die Stunde geschlagen hat, Eingang findet, entdeckte ein unverschlossenes Kellerfenster. Er stieg als erster ein, dann folgte Kasper, diesem der Teufel, dann der Schutzmann und hernach all die anderen: die Marktfrau, der Schusterjunge, der Schornsteinfeger und der Bäcker. Bis auf die beiden Schlossfräulein. Sie fürchteten, ihre schönen Kleider könnten Schaden nehmen; außerdem hatte sie der Marsch sehr angestrengt. Sie waren auf der Treppe des Wohnhauses sitzen geblieben, um auf die Rückkehr der übrigen Gesellschaft zu warten. Auch die Brillenschlange blieb draußen; sie hatte es sich aber in den Kopf gesetzt, dem alten Gerstenkorn persönlich einen Schreck einzujagen, und suchte nun weiter nach einer Möglichkeit, in das Wohnhaus zu gelangen.

Nach langem Suchen hatten die in das Lagerhaus Eingedrungenen die nach oben führende Treppe gefunden.

Sie kletterten hinauf und befanden sich bald in den großen Lagerräumen, die mit Säcken, die fast bis unter die Decke reichten, angefüllt waren. Sie machten sich sofort an die Arbeit, lösten die Verschnürungen und ließen das Korn auslaufen. Kasper und der Teufel kletterten noch ein Stockwerk höher und setzten dort ihr zerstörendes Werk fort. Durch die Bodenluken und die vielen Ritzen rieselte nun der Weizen nach unten und vermengte sich mit dem Roggen, der dort lagerte. Eine andere Gesellschaft unter Führung des Schutzmanns kletterte noch ein Stockwerk höher. Dort lagerte Hafer. Auch hier öffneten sie die Säcke, und nun regnete es auch noch Hafer. Die Gesellschaft arbeitete, wie sie in ihrem Leben noch nicht gearbeitet hatte. Sie hörte erst auf, als es draußen anfing, hell zu werden. Bevor sie abzogen, prüften sie ihr Werk. Sie hatten schrecklich gewütet.

Ganze Kornberge lagen da: Roggen, Weizen und Hafer, alles durcheinander.

Die Brillenschlange hatte nach langem Suchen eine zerbrochene Fensterscheibe entdeckt. Sie schlüpfte durch das Loch und hörte, als sie sich schon im Haus befand, den alten Gerstenkorn laut schnarchen. Sie folgte dem Geräusch und gelangte in seine Kammer. Sie ringelte sich am Bettpfosten hoch und rollte sich auf der Bettdecke, gerade über seiner Brust, zusammen. Nachdem sie dort eine Weile ruhig gelegen hatte, wurde der alte Gerstenkorn, wahrscheinlich durch das auf seiner Brust lagernde Gewicht, unruhig. Der Atem ging ihm schwer, er öffnete den Mund und stöhnte, als drücke ihn ein Alp. Die Schlange hob ihren Kopf und kitzelte ihn mit ihrer gespaltenen Zunge an der Nase. Der alte Gerstenkorn drehte den Kopf zur Seite, was ihm jedoch nicht viel nützte, denn nun kitzelte die Schlange ihn am Ohr. Sein Schlaf wurde immer unruhiger. Die Schlange lief Gefahr, von seinen hastigen Bewegungen vom Bett geworfen zu werden. Sie kroch zurück und schob ihren Körper vom Fußende her unter die Bettdecke. Dabei berührte sie zuerst seine Beine, dann die Brust und die Arme, zuletzt schlängelte sie sich am Kopfende wieder hervor, wobei sie langsam über sein Gesicht glitt. Durch diese Berührung erwachte der alte Gerstenkorn. Er griff zu und schleuderte die Schlange, ohne zu ahnen, dass es sich um eine solche handelte, fort. Die Schlange fiel auf einen Teppich. Sie versteckte sich schnell unter dem großen Kleiderschrank und war, nachdem der alte Gerstenkorn endlich Licht gemacht hatte, verschwunden. Dieser betastete seinen Körper und hielt vom Bett aus in seiner Schlafkammer Umschau. Da er aber nichts entdecken konnte, glaubte er geträumt zu haben. So ganz sicher war er seiner Sache jedoch nicht. Zu deutlich hatte er gefühlt, wie etwas über sein Gesicht gekrochen war. Er stand auf und untersuchte sein Bett. In der Kammer selbst wagte er, aus Furcht, doch etwas zu entdecken, nicht weiter nachzusehen. Aber alles blieb ruhig, langsam kehrte sein Mut zurück; er löschte das

Licht, legte sich wieder ins Bett und setzte seinen unterbrochenen Schlaf fort. Sobald die Schlange seine regelmäßigen Atemzüge wieder vernahm, entfernte sie sich. Inzwischen war es jedoch schon so hell geworden, dass sie keine Zeit mehr fand, im Lagerhaus nach den anderen zu sehen. Als sie daheim ankam, war die übrige Gesellschaft auch gerade eingetroffen. Sie hatten einander jedoch so viel zu erzählen, dass ihnen das Fehlen der Brillenschlange überhaupt nicht aufgefallen war. Nun musste auch sie berichten, und alle, besonders aber Kasper, freuten sich, dass es der Brillenschlange gelungen war, dem alten Gerstenkorn Angst einzujagen. Als der Tag zu grauen anfing, suchten sie ihre Plätze auf und schliefen bis zur ersten Nachmittagsvorstellung.

Die beiden Schlossfräulein hatten von alledem nichts gemerkt. Während sie warteten, waren sie eingeschlafen. Sie saßen noch auf der Treppe, als der junge Gerstenkorn zum Spielen m den Garten kam. Seine Freude war, als er sie erblickte, groß. Er lief zu seinem Vater, um ihm die beiden Figuren zu zeigen und ihn zu fragen, ob er wisse, wie sie auf die Treppe gekommen seien.

Aber er traf seinen Vater nicht mehr an. Der Kaffeetisch stand noch unberührt. Sein Lagermeister hatte ihm in aller Frühe das gewaltige Durcheinander im Lagerhaus gemeldet. Herr Gerstenkorn hatte sich einige Kleidungsstücke übergeworfen und war ins Lager geeilt. Dort stand er nun, besah sich die Bescherung und schlug die Hände über dem Kopf zusammen. Er jammerte über sein schönes Korn, dass sich jetzt nur mit großem Verlust verkaufen ließ. Wer ihn hörte, hätte glauben können, er sei über Nacht ein armer Mann geworden. So groß war der Schaden nun aber bei weitem nicht. Er besaß Geld genug, ihn leicht verschmerzen zu können.

Als die Leute in der Stadt davon hörten, rieben sich viele die Hände und freuten sich, dass dem alten Geizkragen einmal ein Denkzettel erteilt worden war.

Auch der alte Wetterhahn freute sich. Er quietschte beim Anblick des alten Gerstenkorn, als wenn er sagen wollte: „Kikiriki! Da ist dir recht geschehen!“ Dem Kasper trug er aber sein unhöfliches Benehmen nicht weiter nach.

Der alte Gerstenkorn versuchte vergeblich, der Schadenstifter habhaft zu werden. Der einzige, der etwas hätte erzählen können, war der Nachtwächter. Aber dieser hütete sich, etwas zu sagen.

Nach Beendigung des Jahrmarkts packte auch die Kasperbude ihre Sachen, um in einem anderen Ort den Kindern Freude zu bereiten. Dort erst wurde das Fehlen der beiden Schlossfräulein entdeckt. Man machte sich jedoch keine großen Sorgen und glaubte, sie beim Einpacken vergessen zu haben. Ein Verlust war es immerhin für die Truppe.

Wie Sommer und Winter ins Land kamen

Zu einer Zeit, als man auf der Welt weder Winter noch Sommer kannte, lebten in einem schönen Tal, das von großen Wäldern umgeben war, zwei Riesenbrüder. Die Brüder ähnelten einander sehr, und wenn der eine nicht rotes und der andere weißes Haar gehabt hätte, wären sie nicht zu unterscheiden gewesen. Ihr Vieh lief, obwohl sie einen großen Stall gebaut hatten, größtenteils frei umher. Wollten sie ein Pferd reiten, dann pfiffen sie. Die Pferde kamen dann gelaufen und drängten sich, denn jedes wollte von den Brüdern geritten werden. Zu dem Hof gehörten noch große Felder und weite Wiesen, und hinter dem Wohnhaus dehnte sich ein riesiger Obst- und Gemüsegarten.

War Haus und Hof bestellt, dann gingen die Brüder auf die Jagd oder zum Angeln. Die Wälder waren nicht nur reich an Wild, nein, sie waren für die Brüder eine einzig große Speisekammer. Sie kannten die Stellen, an denen die saftigsten Beeren, die schmackhaftesten Pilze wuchsen und wussten auch, wo die wilden Bienen ihren Honig versteckt hielten.

Eines Tages begegnete ihnen im Walde ein Handwerksbursche. Er war der erste Mensch, den die Brüder zu Gesicht bekamen. Die Brüder blieben stehen und musterten den kleinen Wicht. Sie hoben ihn empor, befühlten ihn und drehten ihn um und um. Dem Handwerksburschen wurde dabei angst und bange. Als die Brüder ihre Untersuchung beendet hatten, wussten sie immer noch nicht, was sie von ihm halten sollten. In ihrer Ratlosigkeit begannen sie heftig zu lachen. Dieses Gelächter beruhigte den Handwerksburschen. Er nahm sich ein Herz und fragte die Brüder, wer sie seien. Die Brüder sahen sich ratlos an und wussten nichts zu erwidern. Eine derartige Frage war in ihrem ganzen Leben noch nicht an sie gestellt worden. Als die Brüder weiterhin beharrlich schwiegen, fuhr der Handwerksbursche fort und sagte: „Ich heiße Peter und komme von weither und will noch viel weiter.“ Die Brüder antworteten auch jetzt noch nicht. Peter bekam es nun wieder mit der Angst und hielt es für angebracht, ihnen seine Dienste anzubieten. „Ich kann kochen, Kessel flicken, schustern, Kühe melken, spinnen und weben, und wenn ihr mich in eure Dienste nehmen wollt, so wird euch dieser Schritt gewiss nicht bereuen."Die Brüder hatten von Peters Erzählung nicht allzuviel begriffen. Sie konnten es immer noch nicht fassen, dass es außer ihnen noch andere Wesen gab, die, wenn auch bedeutend kleiner, ihnen immerhin ähnelten. Sie beratschlagten und forderten ihn dann auf, ihnen zu folgen. Aber wenn die Brüder einen Schritt taten, musste Peter ihrer zehn machen. Schon bald war er außer Atem. Die Brüder blieben lachend stehen. Nun schöpfte Peter wieder Mut. Er sagte sich, dass Geschöpfe, die lachen, eigentlich nichts Böses im Schilde führen könnten. „Wir wollen ihn tragen", meinte der mit den roten Haaren und nahm Peter auf seine Arme. Nachdem dieser sich eine Weile still verhalten hatte, fragte er die Brüder erneut nach ihrem Namen. „Gibt's denn so etwas, einen Namen? fragten beide wie aus einem Munde. „In dieser Welt hat alles und jedes seinen Namen", antwortete Peter keck. „Die Menschen, die Tiere, die Blumen, die Bäume, sie alle haben Namen, und manche sogar ihrer drei oder vier. Und wenn ich bei euch bleibe, müsst ihr auch einen Namen haben." Er wandte sich dann an den, der ihn trug und sagte: „Du hast so leuchtend rote Haare, ich werde dich Rothaar nennen und deinen Bruder, dessen Haare so weiß sind, wie die Blätter der Kirschblüte, Weißhaupt." Die Brüder, durch das forsche Auftreten des Handwerksburschen unsicher geworden, erklärten sich einverstanden. „Ist das euer Grund und Boden, auf dem wir uns jetzt befinden?", wollte Peter nun wissen. Das war wieder so eine Frage, die die Brüder nicht beantworten konnten. Sie bauten ihr Korn an, gingen auf die Jagd, fingen Fische, sammelten Beeren und taten dies und das, ohne jemand darum zu fragen. Wie sollten sie auch, denn es gab in der weiten Runde niemand, den sie hätten fragen können.

Mittlerweile hatten sie den Hof erreicht. Rothaar stellte Peter wieder auf die Erde. Während dieser sich die Beine vertrat, musterte er den Hof. Die Ordnung und die Sauberkeit versetzten ihn in Erstaunen. Die Brüder machten ihn willig mit ihrer Wirtschaft bekannt. Erst bei Dunkelwerden gingen sie ins Haus und setzten sich zum Abendbrot an den Tisch. Es gab Bohnensuppe mit einem ordentlichen Stück Speck. Peter, der seit langem nicht so reichlich und so gut gegessen hatte, langte ordentlich zu. Er ließ einen Knopf nach dem andern springen, und erst als keine Knöpfe zum Springenlassen mehr da waren, hörte er auf. Die Brüder hatten ihren Spaß an ihm. Nach einer Weile erkundigte sich Peter nach einem Schluck Kaffee. „Kaffee?“ Die Brüder kannten keinen Kaffee. „Dann werde ich euch einen kochen“, meinte Peter. Er hängte einen Kessel mit Wasser über das Feuer, holte aus seinem Ränzel eine Blechdose mit Kaffeebohnen, zerkleinerte diese mit einem Kieselstein und brühte, nachdem das Wasser gekocht hatte, den Kaffee auf. Der Duft stieg den Brüdern angenehm in die Nase, und sie verlangten, nachdem sie getrunken hatten, nach mehr. Während sie tranken, zog Peter sein Pfeifchen hervor, stopfte Tabak hinein, setzte diesen in Brand und begann zu rauchen. Wieder machten die Brüder große Augen. Peter ließ sie an seiner Pfeife ziehen. Das behagte ihnen beinah noch mehr als der heiße Kaffee, und sie baten ihn um eine Pfeife und Tabak. Peter antwortete: „Ich würde euch gern gefällig sein, aber ich besitze nur diese eine Pfeife. So ihr mir jedoch Zeit lasst, will ich morgen für jeden eine Pfeife schnitzen. Allzu viel ist damit zwar auch nicht gewonnen, denn außer fiesem Paket Tabak habe ich nur noch ein einziges in meinem Ranzen“. Rothaar meinte: „Darüber brauchst du dir keine Gedanken zu machen. Was wir nicht im Garten oder auf unseren Feldern finden, holen wir uns aus dem Walde. „Da könntest du lange suchen“, gab Peter zurück. „Der Tabak gedeiht hier nicht, er kommt von weit her, aus dem Süden. Große Schiffe, die die Meere befahren, bringen ihn. Die Brüder wollten nun wissen, wie ein Schiff aussehe, und was ein Meer sei. Peter musste viele Worte machen, um ihnen alles zu erklären. Als sie ihre Lagerstatt aufsuchten, graute bereits der Morgen.

Trotzdem waren die Brüder wieder früh auf den Beinen. Aber Peter war noch eher aufgestanden. Als die Brüder erschienen, war die Grütze bereits fertig. Nachdem sie gegessen hatten, sagte Peter: „Geht nur auf die Jagd, ich werde im Hause alles richten und auch für Mittagbrot sorgen, und wenn ich noch Zeit finde, schnitze ich euch die Pfeifen." Die Brüder waren mit diesem Vorschlag einverstanden und machten sich auf den Weg.

Peter ging sofort an die Arbeit. Die ging ihm leicht von der Hand. Auch die Pfeifen wurden fertig, und es blieb ihm noch Zeit genug, das Haus zu besichtigen. Auf dem Boden lag Korn die Menge, auch an Schrot und Mehl mangelte es nicht. Unter der Decke hingen viele kostbare Felle zum Trocknen. Im Keller standen mehrere Fässer mit gesalzener Butter und gepökeltem Fleisch. Auf den Borten lagen Käse in allen Größen. Im Rauchfang hing Wurst an Wurst, hingen viele Schinken und manche Seite Speck. „Hier ist's gut sein", dachte Peter und beschloss möglichst lange zu bleiben.

Als die Brüder zurückkamen, wurde gegessen. Peter kochte wieder Kaffee und übergab ihnen die Pfeifen. Dann musste Peter wieder erzählen. Die Brüder wollten wissen, ob es außer ihm noch mehr Menschen gäbe, wie sie aussähen und dergleichen mehr. Da Peter viel gesehen hatte, blieb er ihnen keine Antwort schuldig, ja, er verstand es sogar, seine Schilderung derart herzurichten und auszuputzen, dass die Brüder auf die weite Welt mit ihren vielen Seltsamkeiten ordentlich neugierig wurden. Und als er ihnen von den großen Städten berichtete, in denen mehr Menschen lebten, als sie sich überhaupt vorstellen konnten, da wurden sie ungeduldig, und Weißhaupt meinte: „Ich möchte für mein Leben gern einmal so eine Stadt sehn." „Das ließe sich schon einrichten", antwortete Peter. Aber die Brüder sagten nun nichts mehr. Sie standen auf und suchten ihr Lager auf. Peter legte sich gar nicht erst hin. Im Osten graute bereits der neue Tag. Peter kochte wieder eine Grütze, und als die Brüder sich gestärkt hatten, meinte er, sie sollten nur wieder auf die Jagd gehen, er würde Haus und Hof schon versorgen. Die Brüder hatten nichts dagegen. Sie nahmen ihr Jagdgerät und gingen. Nachdem Peter die Arbeit im Haus beendet hatte, ging er, um Stall und Scheune zu besichtigen. Auch hier kam er aus dem Staunen nicht heraus, so reichlich war alles vorhanden. „Und dies, so sagte er sich, „gehört nun zwei Trotteln, die nur soweit denken können, wie ihr Wald reicht. Und je länger Peter hierüber nachdachte, desto mehr glaubte er ein Recht darauf zu haben, hier schalten und walten zu können, wie es ihm beliebe.

Die Brüder kamen heute zeitiger zurück als gestern. „Koch uns Kaffee und gib uns zu rauchen", baten sie, nachdem der letzte Bissen hinuntergeschluckt war. Peter kam ihrem Wunsche nach, bemerkte aber beiläufig, dass beides nur noch für heute und morgen reiche. Die Brüder machten betrübte Gesichter und wollten wissen, ob es keine Möglichkeit gebe, neue Vorräte herbeizuschaffen. Peter tat sehr geheimnisvoll und antwortete, dass er sich den Fall einmal durch den Kopf gehen lassen wolle. Und dann musste Peter wieder erzählen. Nachdem er den Brüdern die Pracht, in der die Menschen lebten und den Reichtum, den viele besaßen, in den leuchtendsten Farben geschildert hatte, brachte er einen kleinen Lederbeutel zum Vorschein und breitete seinen Inhalt vor ihren Augen aus. Der Beutel enthielt drei glänzende Golddukaten und drei leuchtende Edelsteine. Die Brüder konnten sich an dem goldenen Schein, dem Glitzern und Funkeln kaum satt sehen.

„Für die Dukaten kann ich bei den Menschen einen Hof kaufen, der dreimal so groß ist, wie der eurige, und wenn ich die Edelsteine zeige, dann wird das schönste Mädchen meine Frau." „Können wir auch einen Hof kaufen und auch das schönste Mädchen zur Frau, bekommen?", wollten die Brüder nun wissen. „Gewiss, wenn ihr Gold und Edelsteine besitzt, könnt ihr das auch", gab. Peter zur Antwort. „Und wo finden wir das Gold und die Edelsteine?“, fragten die Brüder weiter. Nun hatte Peter die Brüder genau da, wohin er sie haben wollte. Sie waren lüstern geworden auf die Welt und hegten jetzt nur noch den Wunsch, sie kennen zu lernen. Peter antwortete: „Das Geld findet ihr im Norden und die Edelsteine im Süden.“ „Liegt das Gold auf der Straße, und lassen sich die Edelsteine pflücken wie bei uns die Erbsen im Garten?“ wollte Rothaar nun wissen. Peter war um eine Antwort nicht verlegen. „Wohin denkt ihr“, gab er lachend zurück, „ihr müsst wandern und immer wandern, bis ihr an eine Höhle kommt. In der nach Norden gelegenen Höhle lebt ein uralter Mann, der mehr Gold besitzt, als ihr zu tragen vermögt, und in der nach Süden gelegenen findet ihr einen, der viele Beutel mit Edelsteinen sein eigen nennt.

Wenn ihr einen schönen Gruß bestellt und sagt, Peter hätte euch geschickt, dann werden die Alten mit sich reden lassen, und euch gewiss reich beschenken.“ Nun waren die Brüder nicht länger zu halten. Weißhaupt, der nach Norden wandern wollte, bekam von Peter einen Golddukaten, und Rothaar, der einen Edelstein erhielt, nahm den Weg nach Süden. Peter gab jedem noch eine Handvoll Tabak, und die Brüder gingen auf die Reise. Die Brüder, die keine Ahnung von der Beschwerlichkeit der Reise hatten, glaubten in sechs bis acht Wochen wieder daheim zu sein. Peter ließ sie bei dem Glauben und freute sich, als sie endlich außer Sicht waren. Er begann nun, sich häuslich einzurichten, und tat, als sei der Hof bereits sein Eigentum.

Rothaar schritt ordentlich aus. Die heimatlichen Wälder hatte er bald hinter sich gebracht. Er kam in Gegenden, die ihm fremd waren. Nach einigen Tagen begegnete ihm ein Mensch: ein Knabe, der, als er Rothaar in seiner groben Kleidung und mit Fellschuhen an den Füssen erblickte, Reißaus nahm. Rothaar, der glaubte, er wolle ihm den rechten Weg zeigen, setzte ihm mit großen Schritten nach und holte ihn auch bald ein. Aber der Junge verstand ihn nicht, und selbst als Rothaar ihm den Edelstein zeigte, schüttelte er nur den

Kopf und brachte vor lauter Angst kein Wort über die Lippen. Als Rothaar merkte, dass er nichts in Erfahrung bringen konnte, ließ er den Jungen stehn und wanderte weiter. Nun kam er in eine Stadt. Hier gab es viele Häuser, viele Straßen und entsetzlich viele Menschen. Sein Anblick erregte Aufsehen. Die Menschen blieben stehen und bestaunten ihn. Sobald er sich ihnen jedoch näherte, wichen sie scheu zur Seite. Das verwirrte Rothaar, und er wusste bald nicht mehr ein noch aus.

Nun wohnte in der Stadt ein Schlachter, ein großer und starker Mann, der sich vor nichts fürchtete. Dieser stand vor seinem Laden und hielt nach Kundschaft Ausschau. Auf ihn ging Rothaar zu und stellte ihm die Fragen, die er auch an den Jungen gerichtet hatte. Als der Schlachter den Edelstein erblickte, wollte er ihn Rothaar abkaufen. Aber Rothaar antwortete, dass er nach dem Süden unterwegs sei, um noch mehr Edelsteine zu holen. Der Schlachter schüttelte bedenklich den Kopf. Auch er hatte früher einmal von einem alten Mann, der weit im Süden wohnen sollte, und der große Schätze sein eigen nannte, gehört. Aber er hatte der Sache damals keinen rechten Glauben geschenkt, doch nun, da er Rothaar so überzeugend reden hörte, meinte er: „Ich sehe schon, du willst deine Haut zu Markte tragen, da will ich dich nicht hindern, vielleicht findest du tatsächlich den Alten und kehrst als reicher Mann heim." Er schenkte ihm zwei Würste und ein Päckchen Tabak und zeigte ihm den Weg, der nach Süden führte. Rothaar bedankte sich und versprach, so er Glück habe und seine Reise nach Wunsch verlaufe, seiner zu gedenken.

Rothaar war nun schon viele Monate unterwegs. Er hatte noch mehr Menschen, noch mehr Städte und Dörfer kennen gelernt, aber den alten Mann und seine Höhle hatte er immer noch nicht gefunden. Die meisten Menschen, die er um Rat gefragt hatte, konnten ihm keine Auskunft geben. Sie konnten ihm nur den Weg, der nach Süden führte, zeigen. Endlich traf er eine alte Frau, die Bescheid wusste. „Wenn du nicht zu schnell gehst, dann will ich dich führen", gab sie im zur Antwort. „O", meinte Rothaar, „wenn's weiter nichts ist, dem ist leicht abzuhelfen." Er nahm die Alte auf die Schulter und setzte seinen Weg fort. Die Frau plauderte lustig darauf los. Den Alten aus der Höhle kannte sie genau. Sie gab Rothaar den guten Rat, auf seine Wünsche einzugehen und ihn vor allen Dingen nicht anzulügen. Kurz vor der Höhle ließ die Alte Rothaar allein und wünschte ihm viel Glück.

Ein Gang, der immer tiefer in die Erde führte, wurde durch an der Decke angebrachte und in allen Farben funkelnde Edelsteine erleuchtet. Plötzlich vernahm er eine Stimme, die ihn fragte, wer er sei, und was er wolle. Nachdem Rothaar geantwortet hatte, befahl ihm die Stimme näher zu kommen. Rothaar gehorchte, und gleich darauf stand er dem Alten gegenüber. Dieser saß auf einem Stuhl, der so heiß war, dass er glühte. Aber die Hitze schien dem Alten nichts anzuhaben, er musterte Rothaar von oben bis unten und wollte dann den Grund wissen, der ihn nach hier geführt habe. Rothaar zeigte nun seinen Stein und erzählte dem Alten alles, was ihm der Handwerksbursche Peter gesagt hatte. „So", meinte der Alte, „nun bist du gekommen, um noch mehr Steine einzuhandeln?" „Das bin ich", gab Rothaar zur Antwort. „Und wenn ich dich nun abweise?", fuhr der Alte fort. „Dann habe ich den weiten Weg umsonst gemacht", gab Rothaar etwas kleinlaut zurück. Diese Antwort schien dem Alten jedoch zu gefallen, denn er langte hinter sich und brachte einen großen Beutel zum Vorschein. „Ich will deinen Wunsch erfüllen", meinte er und öffnete den Beutel, „aber wenn du heimkommst und deinen Hof nicht so wiederfindest, wie du ihn verlassen hast, dann musst du in meine Dienste treten." Rothaar, der den Hof in guter Hand glaubte, gab dem Alten sein Wort. Dieser füllte nun einen kleinen Beutel mit Edelsteinen, den er Rothaar mit folgenden Worten aushändigte: „Ich gebe dir auch noch ein Tuch. Das musst du gut verwahren und schwenken, wenn du einmal in Bedrängnis kommst." Nachdem Rothaar auch das versprochen hatte, nahm er Beutel und Tuch an sich, sagte dem Alten Dank und machte sich wieder auf den Heimweg.

Nur einmal machte er, um sein gegebenes Wort einzulösen, bei dem Schlachter halt. Seine Sehnsucht nach dem Hof und auch nach seinem Bruder wurde mit jedem Tag größer. An die Edelsteine und ihre Kraft dachte er kaum noch. Endlich kam sein heimatlicher Wald in Sicht, und dann sah er auch den Hof liegen. Nun ging er langsamer. Das Korn stand gut, auch das Vieh schien wohlauf. Der Garten war gepflegt und das Wohnhaus hatte sogar einen neuen Anstrich bekommen. Als er die Diele betrat, kam ihm ein fremder Mann entgegen. „Sieh da", dachte Rothaar, „einen Knecht hat er auch dazu genommen." Rothaar begrüßte den Fremden und erkundigte sich nach Peter. Der Fremde antwortete: „Du meinst wohl den Bauer; der sitzt mit seiner Frau in der Stube beim Kaffee."

Rothaar wusste im ersten Augenblick nicht, was er sagen sollte. Peter ließ sich Bauer nennen? Das erschien ihm sonderbar. Trotzdem entgegnete er: „Ja, ich suche den Bauer." Mit diesen Worten ging er an dem Fremden vorbei und auf die Stubentür zu. Der Fremde, der tatsächlich auf dem Hof als Knecht tätig war, machte ein verdutztes Gesicht und meinte leise für sich: „Na, wenn das man gut geht." Inzwischen hatte Rothaar die Stubentür erreicht. Er öffnete sie und trat ein. Peter saß, wie der Knecht gesagt hatte, mit seiner Frau am Tisch und trank Kaffee. Auf dem Tisch lag ein schönes weißes Tuch, den Kaffee tranken sie aus den besten Tassen, und an hellem Brot, an Kuchen und Butter mangelte es auch nicht. Peter verfärbte sich ein wenig, als Rothaar ihm so unerwartet gegenübertrat. Aber er fasste sich schnell, schob seinen Stuhl zur Seite, gab der Frau einen Wink, dass auch sie aufstehe, ging auf Rothaar zu und begrüßte ihn.

„Nun", meinte er, „hat die Reise Erfolg gehabt?" „Das schon", gab Rothaar etwas einsilbig zurück, „und wie ist es dir ergangen?" Peter lenkte ab und meinte: „Du hast gewiss Hunger, komm, setz dich." Er schob einen Stuhl zurecht, holte eine Tasse und schenkte ihm persönlich ein. „So, und wenn du dich gestärkt hast, dann können wir weiterreden." Rothaar wunderte sich über den Ton, den Peter anschlug, sagte aber nichts. Während er aß, wurde nicht viel gesprochen. Nur die Frau meinte einmal, dass er wohl eine weite Reise hinter sich habe. Plötzlich wurde Rothaar ärgerlich. Er schob seine Tasse zurück, richtete seinen Blick auf Peter und sagte: ,,Nun mal heraus mit der Sprache! Willst du mir etwas verheimlichen, oder ist sonst ein Unglück geschehen?" Peter tat entrüstet, wie jemand, der zu Unrecht verdächtigt wird. „Ein Unglück ist's gerade nicht, aber ich bin einmal in der Stadt gewesen und habe alles ins Lot gebracht. „Was gab s denn hier ins Lot zu bringen?", wollte Rothaar wissen. Peter senkte seine Stimme und meinte einschmeichelnd: „Ich habe die Besitzverhältnisse geklärt. Ihr hattet auf dem Amt nichts eintragen lassen, und da ihr nicht zurückkamt, nahm ich an, euch sei etwas passiert, nun, da hat man den Hof dann auf meinen Namen geschrieben. Das ist alles." Schnell fügte er noch hinzu: „Aber du kannst beruhigt sein, der Hof ernährt uns alle, und wenn du ordentlich zufasst, dann kommen wir gut zurecht." Das war für Rothaar zu viel. Er sprang auf und wollte Peter zu Leibe. Dieser verkroch sich hinter seiner Frau und sagte eingeschüchtert: „Wenn du mir ein Leid zufügst, dann rufe ich die Knechte. Vergiss nicht, dass ich hier jetzt der Herr bin." Rothaar blieb stehen und antwortete: „Nun ist's heraus. Du bist der Herr!" Er wollte noch etwas hinzufügen, erinnerte sich dann aber des Tuches. Er zog es aus der Tasche und schwenkte es. Sofort verdunkelte sich der Himmel. Eine Wolke zog auf, so dick und schwarz, wie man sie in dieser Gegend bisher noch nicht gesehen hatte. Blitze krachten, Donner grollte, und dann ging ein Platzregen nieder, dem bald ein gewaltiger Hagelschauer folgte. Das Vieh wurde auf den Weiden erschlagen, die Ernte vernichtet, und auf den Obstbäumen blieb nicht ein Apfel noch eine Birne sitzen. Nachdem das Wetter sich ausgetobt hatte, wurde es drückend heiß. Die Erde trocknete aus, und das Gras verdorrte.

Rothaar schnürte sein Ranzel und machte sich wieder auf nach dem Süden.

Weißhaupt erging es ähnlich. Je weiter er nach Norden kam, desto kälter wurde es. Er musste lange suchen, bis er den Alten fand. Auch dieser hauste in einer Höhle. In ihr herrschte eine noch größere Kälte als draußen. Weißhaupt brachte seine Wünsche vor. Der Alte machte auch ihm den Vorschlag, dazubleiben. Als Weißhaupt ablehnte, schenkte er ihm einen prallgefüllten Beutel schöner, goldener Dukaten. Weißhaupt bedankte sich und wollte gehen. Aber der Alte hielt ihn zurück, gab ihm einen Trichter und sagte: „Solltest du einmal in Bedrängnis geraten, dann blase nur ordentlich hinein und warte der Dinge, die kommen." Weißhaut antwortete: „Ich in Bedrängnis geraten? Wohin denkst du? Unser Hof befindet sich in guter Hand. Und mein Bruder Rothaar ist nach dem Süden aufgebrochen, um Edelsteine zu holen. Wenn ich nun die Dukaten bringe, dann bauen wir ein neues Wohnhaus, vergrößern die Stallungen und holen uns jeder eine Frau." „Ja, ja", entgegnete der Alte, „baut nur." Er sagte das in einem Ton, der Weißhaupt stutzen ließ. Als er etwas erwidern wollte, wehrte der Alte ab. „Geh nur mit Gott und vergiss nicht, dass du hier jederzeit willkommen bist."

Weißhaupt, der den Weg ja nun kannte, beeilte sich und erreichte dann auch nach Überwindung mancherlei Schwierigkeiten glücklich seinen heimatlichen Wald. Hiersah es böse aus. Der Sturm hatte viele Bäume entwurzelt und übereinandergeworfen, und der Regen hatte tiefe Furchen in das Erdreich gerissen. Auch die Felder machten einen trostlosen Eindruck. Peter hatte zwar, nachdem durch den Hagel alles vernichtet worden war, neu gesät, aber das junge Korn stand schlecht, denn nun fehlte der Regen. Das Wohnhaus stand jedoch Schmuck und prächtig in seinem neuen Anstrich da. „Wenn das Haus derart gut aussieht, dann wird auch sonst wohl alles in Ordnung sein", dachte Weißhaupt und betrat den Hof. Dort begegnete ihm der Knecht. Weißhaupt wunderte sich, hier einen Fremden anzutreffen und nicht seinen

Bruder oder Peter. Er sprach ihn an und erkundigte sich nach Peter. Der Knecht machte ein dummes Gesicht und antwortete grob: „Du scheinst mir ein sehr schlechtes Gedächtnis zu haben, dass du nicht mehr weißt, was sich hier vor ungefähr einem halben Jahr ereignete." Nun merkte Weißhaupt, dass der Fremde ihn mit seinem Bruder verwechselte und antwortete: „Du sprichst gewiss von meinem Bruder, bitte sage mir, wo ich ihn finde." Der Knecht schob seine Mütze in die Stirn und kratzte sich am Hinterkopf, „Ich könnte dir gewiss mancherlei erzählen, aber es ist schon besser, du erkundigst dich beim Bauer selbst. Er sitzt in der Stube und trinkt Kaffee mit seiner Frau."

Als Weißhaupt die Stubentür öffnete; saß Peter mit seiner Frau am Tisch. Der war schön gedeckt. Es fehlte nicht an Kuchen, nicht an Butter und Brot. Auch das beste Porzellan stand wieder da. Peter bekam einen Schreck, als er Weißhaupt eintreten sah, aber er fasste sich sofort wieder. Schließlich hatte er täglich mit ihm gerechnet. Seiner Frau, die ihn zurückhalten wollte, raunte er zu: „Bin ich mit dem einen fertig geworden, werde ich es auch mit dem anderen." Herrisch trat er Weißhaupt entgegen. Statt eines Willkommens fragte er barsch: „Du suchst gewiss deinen Bruder. Der ist seit Monaten über alle Berge. Und damit du gleich weißt, woran du bist, so sage ich dir, dass ich hier jetzt das Regiment führe." Weißhaupt begriff nicht ein Wort. Er stand da, als habe ihn der Schlag gerührt. Peter fuhr indessen fort: „Deinem Bruder habe ich angeboten, hier Dienst zu nehmen, aber er wollte davon nichts wissen. Im Gegenteil, er geriet in Zorn und schickte uns ein böses Wetter auf den Hals. Vielleicht bist du vernünftiger und bleibst," Während Peter sprach, musste Weißhaupt an die Worte des Alten denken. Er setzte den Trichter an den Mund und blies hinein. Sofort verbreitete sich im Zimmer eine eisige Kälte. Die Fenster gefroren und auf dem Wasser in den Eimern bildete sich eine Eisschicht. Der Himmel verdunkelte sich und bald setzte ein gewaltiges Schneetreiben ein, das alles unter seiner weißen

Decke begrub. Weißhaupt entfernte sich ohne Grüß. Er nahm den Weg, den er gekommen war, wieder unter die Füße.

Der Alte im Süden war wenig erstaunt, als Rothaar wieder vor ihm stand. Er sagte: „Ich habe dich lange erwartet." Rothaar wollte ihm nun von Peters Hinterlist erzählen, von der Dürre, dem Hagelschauer, dem Platzregen und den vielen Gewittern. Aber der Alte winkte ab und meinte, er wisse auch darüber Bescheid. Er machte Rothaar nun erneut den Vorschlag, in seine Dienste zu treten. „Ich bin der Sommer", so erklärte er, „und trage mich mit dem Gedanken, mein Reich zu vergrößern. Dabei kannst du mir helfen, denn ich kann nicht überall sein." Rothaar erklärte sich einverstanden und blieb. Er bekam viel zu tun und war fast das ganze Jahr unterwegs. Und überall, wo er sich blicken ließ, hielt der Sommer seinen Einzug. In jedem Jahr besuchte er auch einmal, in der Hoffnung seinem Bruder zu begegnen, seinen ehemaligen Hof. Aber die Brüder trafen einander nie, denn Weißhaupt, der unter ähnlichen Bedingungen bei dem Alten im Norden, dem Winter, Dienst genommen hatte, unterstützte diesen in seinem winterlichen Regiment.

Und so ist es denn geblieben, bis auf den heutigen Tag. Immer, wenn der eine Bruder kommt, ist der andere sechs Monde weit entfernt.

Peter geriet bald an den Bettelstab. Der Sommer brachte ihm so viel Hitze, dass die Früchte auf den Feldern verdorrten. Seine Knechte und Mägde verließen ihn. Er musste sein Vieh verkaufen. Als der Winter kam mit seiner Kälte, seinem Schnee und Eis, musste er grausam frieren. Schließlich blieb ihm nichts anderes übrig, als sein Bündel. zu schnüren und sein altes Handwerksburschenleben wieder aufnehmen. Das behagte ihm wenig, denn er konnte nicht vergessen, auch einmal ein Herr gewesen zu sein.

Das Geheimnis des großen Steins

Draußen in der Heide, viel weiter als man an einem Tag wandern kann, liegt ein Stein, der beinah so groß ist wie ein Haus. Seine Gestalt erinnert an eine riesige geschlossene Muschel, und es kommt selten vor, dass einer der sich hierher verirrenden Wanderer sich fragt, was es wohl für eine Bewandtnis mit diesem Stein habe, und ob er vielleicht irgendein Geheimnis berge. Es gab zwar gelehrte Leute, die den Stein besehen und betastet hatten, und die auch allerlei über ihn zu berichten wussten, aber das, was sie zum Besten gaben, hörte sich wohl klug an, passte jedoch in seiner Nüchternheit so gar nicht zu dem Stein. Der machte nun einmal den Eindruck, als bewahre er in seinem Innern tatsächlich ein Geheimnis.

Aber es gibt einen Menschen, einen Schäfer, der allerlei Seltsames über ihn berichten könnte. Trotz seines hohen Alters war der Schäfer noch jeden Tag, den Gott werden ließ, mit seiner Herde unterwegs. Die Menschen wussten nicht recht, was sie von ihm halten sollten. Vielen war er unheimlich. Aber ihre Furcht war unbegründet, denn in seinem ganzen Leben hatte er noch keinem lebenden Wesen ein Leid zugefügt, im Gegenteil, er hatte geholfen, wo es zu helfen gab. Er kannte sich in der Natur aus, und Dinge, die anderen seltsam und ungewöhnlich erschienen und für die sie keine rechte Erklärung fanden, waren ihm eindeutig und klar. So blieb es nicht aus, dass viele Gerüchte über ihn umliefen: Man behauptete, dass er Umgang mit Geistern und anderem Teufelszeug pflege. An diesen Gerüchten war schon etwas Wahres, aber es waren keine Geister noch irgendwelche Spukgestalten, es war die Natur selbst, die sich ihm so freimütig offenbarte, wahrscheinlich als Dank dafür, dass er sich ihr so liebevoll hingab.

Dieses Wissen um viele schöne und köstliche Dinge machte ihn von den Menschen unabhängig, und er konnte es sich daher schon leisten, auf deren Meinung nichts zu geben und jedem so zu antworten, wie es ihm passte. Dabei war er keineswegs unbescheiden oder anmaßend, im Gegenteil, er zeigte sich überall entgegenkommend und hilfsbereit, aber er liebte es nicht, große Worte zu machen. So kam es dahin, dass er von seinen Mitmenschen häufig missverstanden wurde. Hieraus machte er sich jedoch nichts, ja, es war ihm sogar lieb, dass der Friede, den er mit sich und der Natur gefunden hatte, nicht durch wissbegierige und aufdringliche Fragen gestört wurde.

Allmählich war er ein alter Mann geworden, der jeden Tag abberufen werden konnte. In seiner Jugend hatte er ein unruhiges Leben geführt. Nirgend hatte es ihn recht gelitten. Eine ewige Unrast ließ ihn nicht sesshaft werden. Das Gefühl, etwas zu versäumen, zwang ihn immer wieder, sein Ränzel zu schnüren und sich in der weiten Welt umzusehen.

Auf seiner Wanderung kam er auch in die Nähe des großen Steins. Es war Mittag geworden. Die Sonne stand hoch am Himmel und brannte derart unbarmherzig, dass er sich entschloss, im Schatten des Steins ein wenig zu ruhen. Als er sich niederlassen wollte, fand er dort ein Rehkitzchen. Er wunderte sich, dass das Tier bei seinem Nahen nicht das Weite suchte. Sogleich entdeckte er den Grund: das junge Reh hatte ein Bein gebrochen. Es schaute ihn aus großen Augen treuherzig an, als wenn es sagen wollte: „Wenn du ein guter Mensch bist, dann hilf mir, wenn nicht, dann geh deiner Wege und überlass mich meinem Schicksal." Der Wanderer entnahm seinem Ranzen ein Stückchen Leinen, schnitt einige dünne Stäbchen und begann, das verletzte Bein zu schienen. Während er damit beschäftigt war, wurde er von einem alten Mann angesprochen. Dieser trug einen zerschlissenen Rock, große, derbe Schuhe und einen verwitterten Hut. Seine Kopf- und Barthaare erinnerten an Flechten, und seine Hände glichen knorrigen Ästen. Der Wanderer hätte bestimmt einen gewaltigen Schreck bekommen, wenn ihn nicht der Blick aus den beiden hellblauen Augen sofort gefangengenommen hätte. Der Blick war so aufrichtig und ehrlich, dass er die furchteinflößende Gestalt vollständig vergaß. Der Alte meinte: „Wenn du den Weg zum nächsten Bauern nicht scheust und etwas Milch holst, dann glaube ich, dass wir die Kreatur durchbringen werden. Du müsstest dich aber beeilen, denn der Weg ist weit, und das Tier leidet bösen Hunger." Ohne sich weiter um seinen Ranzen zu kümmern, machte sich der Wanderer sofort auf den Weg. „Ich werde laufen, so schnell meine Füße zu springen vermögen." Der Alte fand kaum Zeit, ihm den nächsten Weg zu beschreiben.

Der Weg war weiter, als er gedacht hatte. Endlich sah er den ersten Bauernhof liegen. Als er die Diele betrat, saß der Bauer mit seiner Frau, seinen Kindern und den Knechten und Mägden beim Kaffeetrinken um den großen Tisch. Der Wanderer, noch ganz außer Atem, blieb in der Tür stehen und brachte in aller Bescheidenheit seine Bitte um etwas Milch vor. Der Bauer musterte ihn von oben bis unten. Der Wanderer sah nicht gerade zum Besten aus, und der schnelle Lauf hatte seinen Anzug noch weiter in Unordnung gebracht, so dass man ihn schon für einen heruntergekommenen Handwerksburschen halten konnte. Und der Bauer hielt ihn für einen solchen und lehnte ihm seine Bitte rundweg ab. „Wir haben nicht einen Tropfen Milch mehr im Hause, und gemolken wird erst später." Aber der Wanderer gab die Hoffnung noch nicht auf. Er erklärte dem Bauern, dass er die Milch nicht für sich, sondern für ein verletztes Rehkitzchen benötige. Aber auch dieser Hinweis machte auf den Bauern keinen Eindruck. Die Bauersfrau, die das Tier wahrscheinlich dauerte, meinte: „So viel Milch werden wir wohl noch auftreiben, um der armen Kreatur helfen zu können," und stand auf, ihre Worte in die Tat umzusetzen. Aber der Bauer hielt sie zurück. „Der Mann hat nicht einmal einen Topf für die Milch. Hast du etwa Lust, ihm auch diesen noch hinterherzuwerfen? Und woher willst du wissen, ob die ganze Geschichte nicht erstunken und erlogen ist?" Dann wandte er sich in barschem Ton wieder dem Wanderer zu: „Mach nur, dass du weiterkommst! Wir können dir nicht helfen."

Der Wanderer beeilte sich nun, das nächste Gehöft zu erreichen. Auch hier erging es ihm nicht besser. Der Bauer hörte ihn erst gar nicht an, sondern riet ihm, sich sofort aus dem Staube zu machen, andernfalls er seine Knechte rufen und die Hunde loslassen würde. Der Wanderer war verzweifelt; aber er setzte seinen Weg fort und suchte den dritten Hof auf. Dieser war von einer hohen Backsteinmauer umgeben. Als er die verschlossene Pforte zu öffnen versuchte, kamen zwei große Hunde kläffend gelaufen, und vom Hause her ertönte eine grobe Stimme, die ihn aufforderte, sich zum Teufel zu scheren.

Nun wusste der Wanderer nicht mehr, wohin er sich wenden sollte. „Komme ich ohne Milch," so dachte er, „dann geht das arme Tier ein, und der Alte denkt schließlich, ich hätte unter einem Busch gelegen, die Zeit vertan und die Milch Milch sein lassen oder sie selbst getrunken." Bedrückt und traurig trat er den Rückweg an. Etwas abseits entdeckte er noch eine armselige Kate. Vor ihr saß ein Mütterchen und strickte. Als sie den Wanderer bemerkte, bot sie ihm einen Schluck Milch an. Der aber berichtete ihr nun von dem verletzten Rehkitzchen und meinte: „Einen Schluck Milch würde ich zwar nicht ausschlagen, aber erst muss dem Kitzchen geholfen werden." „Wenn du keine anderen Sorgen hast, dann warte nur," gab das Mütterchen zur Antwort und verschwand in ihrem Häuschen, um bald darauf mit einem irdenen Krug wieder zu erscheinen. Mit den Worten: „Nun trink dich satt," übergab sie diesen dem Wanderer. Als er mit dem Trinken zögerte, meinte sie: „Sorg dich nicht um das Tier; es ist genügend Milch vorhanden. Ich fülle dir einen zweiten Topf, und wenn du dich gestärkt hast, kannst du eilen und die Kreatur laben." Als er sich bedanken wollte, lehnte sie ab und sagte: „Wenn du noch mehr Milch brauchst, dann komm' ruhig wieder. Meinethalben kannst du mir auch das kranke Tier bringen. Ich werde es schon gesund pflegen."

Der Alte hatte dem Reh inzwischen ein weiches Lager aus Moos und Gras gerichtet. Als der Wanderer sich neben ihm niederließ, meinte er: „Du bist lange weggewesen."

Während sie das Tier gemeinsam fütterten, erzählte der Wanderer alles, was ihm widerfahren war. Nachdem er sein erstes Erlebnis berichtet hatte, meinte der Alte: „Das sieht ihm ähnlich, dem alten Geizkragen. Man nennt ihn hier in der Gegend den Roten Heller. Er trägt seinen Namen zu Recht. Vor lauter Geiz und Missgunst dreht er jeden Heller, bevor er ihn ausgibt, dreimal um. Seine Frau ist eine gute Seele, aber ihr Mann sieht ihr zu sehr auf die Finger, und gelingt es ihr wirklich einmal zu helfen, dann macht er, sobald er davon erfährt, einen gewaltigen Krach, schimpft sie eine Verschwenderin, die die ganze Familie noch an den Bettelstab bringen werde." Als der Alte das zweite Erlebnis vernommen hatte, antwortete er: „Das ist die Art des „Silberfuchses." Der Mann hat Taler auf Taler angehäuft, und die Angewohnheit, bei jeder Gelegenheit mit seinem Silberschatz zu prahlen, hat ihm den Namen „Silberfuchs" eingebracht. Nun berichtete der Wanderer von seinem dritten Besuch. Der Alte nickte und sagte: „Der Goldfuchsbauer" bleibt sich immer gleich. Was die anderen Bauern an kupfernem Geschirr, an silbernen Kannen und Bechern besitzen, das ist auf dem Goldfuchshof aus reinem Gold. Der Bauer ist reicher als die übrigen Bauern zusammen. Seine Hunde lassen keinen Fremden auf den Hof, und es wäre nicht das erste Mal, dass sie jemand, der ihnen ins Gehege kam, arg zurichteten."

„Du kennst dich aber gut aus," meinte der Wanderer, „und ich würde nicht überrascht sein, wenn du errietest, wer mir zu guter Letzt die Milch noch gegeben hat." „Das kann ich mir denken," entgegnete der Alte. „Gewiss war's die alte Trine, die trotz ihrer Armut niemand von ihrer Tür weist. Sicher saß sie draußen auf ihrer Bank und strickte. Man findet sie nie müßig. Sie war früher mit dem Schäfer verheiratet, der vor einigen Jahren starb. Er war ein rechtschaffender Mann, aber er hinterließ ihr so gut wie nichts. Die alte Trine muss seither für sich selbst sorgen. Sie tut es freudigen Herzens und ist ihm keineswegs gram, im Gegenteil, sie erzählt jedem, der es hören will, dass es auf dem weiten Erdenrund keinen besseren Mann gegeben habe als den ihrigen."

Nun, da der Wanderer seinen Bericht beendet und auch das Rehkitzchen die Milch getrunken hatte, erhob sich der Alte und bedeutete dem Wanderer, dass er gut daran täte, das Reh zu Trine zu tragen. Unter ihren gütigen Händen würde es bestimmt schnell gesunden. Während er sich verabschiedete, legte er dem Wanderer noch nahe, doch das freie Amt des Schäfers zu übernehmen. „Es ernährt seinen Mann, und die Trine wird dir gewiss erlauben, mit ihr unter einem Dach zu leben. Solltest du bleiben und einmal den Wunsch hegen, mich zu sprechen, dann suche nur diesen Stein auf, kratze in seinem Schatten dreimal die Erde und sprich folgende Worte:

Der du so alt bist wie dieser Stein,
komm und lass mich hinein!

Aber achte darauf, dass du stets im Schatten kratzest, andernfalls könnte es dir schlecht ergehen. Ob der Schatten von der Sonne oder vom Mond, einem Licht oder Feuer herrührt, bleibt sich gleich." Nach diesen Worten ging der Alte um den Stein, verschwand und blieb verschwunden, so sehr der Wanderer auch nach ihm ausschaute. Als er lange genug gewartet zu haben glaubte, schulterte er seinen Ranzen, nahm das kranke Reh behutsam auf seine Arme und suchte die alte Trine auf. Diese ging sofort mit ihm in den Stall, holte duftendes Heu und bereitete dem Reh ein bequemes Lager. Behutsam streichelte sie das verängstigte Tier und redete ihm gut zu: „Du armes krankes Tierchen, fürchte dich nicht. Die alte Trine tut dir nichts Böses. Pass nur auf, wie bald du gesund wirst und dich wieder in Gottes freier Natur nach Herzenslust tummeln kannst.

Und nun," fuhr sie, zum Wanderer gewandt, fort, „sollst auch du zu deinem Recht kommen. Auf dem Herd steht ein Topf mit Grütze. Dazu gibt es Milch und Brot. Ich denke, das wird deinen Hunger stillen." Der Wanderer wollte abwehren, aber Trine ließ ihn nicht zu Wort kommen. Das wäre ja noch schöner. Die alte Trine hat noch keinem Hungrigen die Tür gewiesen, und du sollst bestimmt nicht der erste sein." Sie fasste ihn bei der Hand und führte ihn ins Haus, wo er sich setzen musste. Trine füllte ihm einen Teller mit Grütze, brachte Milch und Brot und ermunterte ihn, nur ordentlich zuzulangen. Der Wanderer aß mit großem Behagen, und Trine freute sich, dass es ihm schmeckte.

Als er aufbrechen wollte, lud Trine ihn ein, die Nacht in ihrem Haus zu verbringen. „Du versäumst nichts, und mir tut es gut, wenn ich einmal höre, was in der Welt vor sich geht." Der wegmüde Wanderer willigte gern ein. Da er gut zu erzählen verstand und Trine ihm durch entsprechende Fragen immer weitere Neuigkeiten zu entlocken wusste, blieben sie lange wach. Auch auf die Mitteilung des Alten, dass ein Schäfer hier sein Brot fände, kamen sie zu sprechen, und Trine legte ihm nahe, sich die Sache nicht lange zu überlegen. „Wohnen kannst du bei mir, und was sonst noch dazu gehört, kann ich dir auch geben. Die Hürden müssen zwar ausgebessert werden, die Ledertasche muss einen neuen Gurt haben, und an dem Schäferkarren sind die Räder schadhaft geworden, aber das sind alles Fehler, die sich schnell beheben lassen. Nur nach einem Hund müsstest du dich Umsehen. Unser Karo ist seinem Herrn schnell gefolgt, und seither mochte ich keinen mehr um mich haben." Trine setzte ihm solange zu, bis er endlich ja sagte. So wurde aus dem Wanderer ein Schäfer. Und das ist er geblieben bis auf den heutigen Tag.

Im Verlauf eines Jahres hatte er eine große Herde zusammen. Trine, die ihrem Mann viel abgeguckt hatte, verstand es, ihn gut zu unterweisen. Die Herde gedieh prächtig, und der Wanderer war froh, auf den Alten und Trine gehört zu haben. Schafe und Hund waren ihm bald derart ans Herz gewachsen, dass er darüber die weite Welt vergaß. Obwohl er viel gesehen und erlebt hatte, musste er nun feststellen, dass das, was sich draußen im Großen ereignete, sich im Kleinen in der Heide wiederholte, und da er die Augen offenhielt, lernte er immer mehr hinzu.

Das Reh war längst wieder gesund. Es folgte ihm auf Schritt und Tritt. Abends jedoch, wenn er in seiner Hütte bei den Schafen blieb, lief es zu Trine, um sich seine Milch zu holen. Als es alt geworden war und dem Schäfer nicht mehr folgen konnte, legte es sich hin und starb.

Dem Alten war er bislang nicht wieder begegnet. Er fühlte sich ihm tief verpflichtet und gedachte seiner fast täglich. Als plötzlich einige Schafe von einer bösen Krankheit befallen wurden, der er nicht Herr werden konnte, fielen ihm die Worte des Alten ein. Er ging zu dem Stein, kratzte in seinem Schatten dreimal die Erde und sprach die Worte:

„Der du so alt bist wie dieser Stein,
komm, und lass mich hinein!"

Die Worte waten kaum verhallt, da stand der Alte schon neben ihm und sagte: „Ich glaubte schon, du hättest mich vergessen." „Das kann nicht dein Ernst sein," entgegnete der Schäfer erschrocken, „wie käme ich dazu? Dann wäre ich ja undankbar. Täglich habe ich an dich gedacht, aber ich wollte deine Ruhe nicht unnütz stören." Der Alte klopfte ihm auf die Schulter und beruhigte ihn. „Es ist schon gut, mein Lieber, doch nun sage mir, was dich heute bedrückt." „Meine Schafe sterben dahin wie die Fliegen, und ich finde kein Mittel, diesem ein Ende zu machen." „Ist das alles?" fragte der Alte zurück, „einen anderen Wunsch hast du nicht?" „Nein," entgegnete der Schäfer, „und wenn du mir helfen kannst, dann ist das mehr als genug."

Der Alte wandte sich dem Stein zu, berührte ihn mit der Hand, und siehe, der Stein öffnete sich wie eine Muschel, und der Alte forderte den Schäfer auf, ihm zu folgen. Der Stein war innen bedeutend geräumiger, als er von außen vermuten ließ. An den Wänden befanden sich große Borte. Sie enthielten viele gar seltsam geformte Flaschen, deren Inhalt in allen Farben leuchtete. Unter der Decke hingen getrocknete Pflanzen, und auf dem Herd standen viele Töpfe, in denen es zischte und brodelte. In einem Schrank funkelte und glitzerte es, dass einem die Augen schmerzten. Hier lagen kostbare Steine und gemünztes und umgemünztes Gold und Silber. Nachdem der Schäfer eine Weile Umschau gehalten hatte, redete ihn der Alte an: „Du wunderst dich wohl, hier derartige Schätze vorzufinden?“ Er kicherte leise in sich hinein. „Ja, ja, das sieht man dem Stein von außen nicht an. Aber so ist's auch im Leben. Die Menschen sehen gewöhnlich nur das äußere Kleid und geben sich keine Mühe, bis zum Kern vorzudringen. Sie bleiben töricht ihr Leben lang und machen sich womöglich noch über die lustig, denen es vergönnt ist, tiefer zu sehen. Die Natur ist bedeutend reicher, als die Menschen im Allgemeinen glauben. Sie ist auch hilfsbereit und besitzt für jede Krankheit, die sie hervorbringt, auch ein Mittel, sie zu bekämpfen.“

Der Alte holte, während er redete, einen Mörser, warf einige getrocknete Pflanzen hinein, zerstampfte sie, schüttete das Pulver in einen Tiegel, goss Wasser hinzu und ließ das Ganze kochen. Dann füllte er die Flüssigkeit in eine Flasche, die er dem Schäfer mit den Worten aushändigte: „Hiervon gib deinen kranken Schafen!“ Hernach verriet er ihm noch dies und das: Erfahrungen, die er in seinem langen Leben gesammelt hatte. Bevor er ihn entließ, stellte er ihm noch einmal die Frage, ob er sonst nichts begehre. Von allem könne er nehmen, soviel er wolle. Dabei öffnete er den Schrank, der die Edelsteine und das Gold und Silber enthielt. Aber der Schäfer dankte: „Ich freue mich, meinen Tieren helfen zu können. Das genügt mir.“ „Wie du willst,“ antwortete der Alte und führte den Schäfer nach draußen. „Wenn du mich wieder brauchst, weißt du, wo ich zu finden bin.“ Und bevor der Schäfer sich richtig bedanken konnte, war der Alte ebenso plötzlich verschwunden wie beim ersten Mal.

Die Schafe wurden schnell gesund. Als die Nachbarn davon erfuhren, wollten sie wissen, wie er es angestellt habe, die Gefahr so bald abzuwenden. Der Schäfer dachte aber alles, was er erfahren, für sich zu behalten, und verriet ihnen sein Geheimnis nicht.

Aber der „Rote Heller" hatte sich in der Nähe des Steines befunden und sich versteckt gehalten. Ihm ließ die Sache nun keine Ruh. Er hatte den Schäfer nicht nur beobachtet, er hatte sich auch die Worte des Alten gemerkt. Bald konnte er seine Neugier nicht länger bezähmen. Er ging zu dem Stein und sprach die Worte:

> „Der du so alt bist wie dieser Stein, komm, und lass mich hinein!"

Da er nun aber nicht wusste, dass er hierbei im Schatten des Steines dreimal die Erde zu kratzen habe, erschien nicht der Alte, sondern ein Bienenschwarm. Dieser fiel über den „Roten Heller" her und setzte ihm derart zu, dass er schreiend und fluchend und über und über mit Stichen bedeckt wieder im Hause anlangte. Dort legte er sich sofort ins Bett und ließ sich von seiner Frau pflegen. Auf ihre Frage, was er angestellt habe, gab er eine ausweichende Antwort. Den Schäfer konnte er von Stund an noch weniger leiden und verbreitete über ihn, wo er nur konnte, dunkle Gerüchte. Als dieser von dem Unglück des Bauern erfuhr, schickte er ihm ein Mittel. Aber der Bauer wollte hiervon nichts wissen. Er tobte und schrie: „Von dem Teufelszeug will ich nichts wissen. Sicher will er mich noch obendrein vergiften!" Der Schäfer wusste nicht, was er hierzu sagen sollte, und ging dem Bauern in Zukunft aus dem Wege.

Der bestrafte Bauer konnte aber den Mund nicht halten, und so kam es, dass sich das Gerücht verbreitete, der Stein berge ein Geheimnis. Da jedoch aus dem Schäfer kein Wort herauszubringen war, beobachtete man ihn, wo er ging und stand.

Eines Tages besuchte ihn eine Frau, die von einem mächtigen Kropf geplagt wurde. Sie klagte über große Schmerzen und glaubte, der Kropf würde ihr noch die Luft abdrücken. Obgleich es schon spät war, machte sich der Schäfer sofort auf den Weg. Der Mond stand voll am Himmel, und der Stein warf einen großen Schatten. Er kratzte dreimal die Erde, und nachdem er die Worte gesprochen hatte, stand der Alte wieder neben ihm. Der Schäfer trug ihm seine Bitte vor. Der Alte berührte wieder den Stein und ließ den Schäfer eintreten. Er bereitete wiederum ein Pulver und richtete an den Schäfer erneut die Frage, ob er heute nicht noch einen Wunsch habe. Der Schäfer verneinte abermals, und ehe er sich bedanken konnte, war der Alte wiederum verschwunden. Das Pulver half, und die Frau konnte den Schäfer nicht genug loben. Aber dieser blieb bescheiden und drängte sich keinem Menschen auf.

Diesmal hatte ihn der „Silberfuchs" beobachtet. In der kommenden Nacht machte dieser sich nach dem Stein auf. Er hatte sich nicht nur die Worte gemerkt, sondern auch gesehen, wie der Schäfer die Erde gekratzt hatte. Er kratzte auch an derselben Stelle, aber diese lag, da der Mond an dem Abend eine Stunde später aufging, noch nicht im Schatten. Statt des Alten kamen vier große Hunde, die den Bauern anfielen. Sie rissen ihm die Kleider vom Leibe und bissen ihn, so dass er, mehr tot als lebendig, nur mit knapper Not seinen Hof erreichte. Seine Frau, die er im Unklaren gelassen hatte, schlug, als er blutend und abgerissen vor ihr stand, die Hände über dem Kopf zusammen. Sie glaubte, er hätte sich in eine Schlägerei eingelassen, und machte ihm die bittersten Vorwürfe. Der Bauer wagte nichts zu entgegnen und musste nun zu allem Schmerz auch noch den ganzen Groll in sich hineinfressen. Dem Schäfer wurde er spinnefeind.

Als der „Goldfuchs" von dem Missgeschick des „Silberfuchses" erfuhr, rieb er sich die Hände und freute sich.

Gleichzeitig kam ihm aber der Gedanke, dass etwas dahinterstecken müsse, und da sich sein ganzes Sinnen und Trachten ausschließlich um Gold und Goldeswert drehte, glaubte er, der „Silberfuchs“ sei einem großen Schatz auf der Spur. Dieser Gedanke ließ ihm keine Ruh mehr, und er beschloss, den Schäfer nicht mehr aus den Augen zu lassen.

Er brauchte nicht lange zu warten. Sehr bald kam ein Mann zum Schäfer und klagte diesem sein Leid. Seine einzige Tochter sei von einer giftigen Schlange gebissen worden und liege im Sterben. Er bat den Schäfer um ein Mittel. Dieser versprach sein Möglichstes und machte sich sofort auf den Weg. Da der Himmel voller Wolken hing, musste er ein Feuer entfachen. Als es lichterloh brannte und genügend Schatten warf, kratzte der Schäfer die Erde und sprach die Worte in gewohnter Weise. Der Alte war sofort zur Stelle. Er öffnete den Stein, bereitete das Mittel und fragte erneut, ob der Schäfer immer noch keinen zweiten Wunsch habe. Dieser verneinte wiederum, und bevor der Schäfer sich bedanken konnte, war der Alte wieder verschwunden. Das Mittel half, die Tochter des Mannes wurde gesund, und der Schäfer wurde jetzt so bekannt, dass man anfing, ihn zu fürchten.

Kaum hatte der Schäfer dem Stein den Rücken gekehrt, da sprang der „Goldfuchsbauer“ aus seinem Versteck, kratzte die Erde an derselben Stelle, wo auch der Schäfer gekratzt hatte, und wiederholte die Worte. Da das Feuer noch brannte und der Stein noch einen Schatten warf, ließ der Alte nicht auf sich warten. Der „Goldfuchs“ log etwas von einer kranken Kuh, wofür er ein Mittel erbat. Der Alte öffnete den Stein und hieß den Bauern eintreten. Sobald dieser den Schrank mit den Edelsteinen, dem Silber und dem Gold erblickte, vergaß er den Alten und die kranke Kuh dazu. Die Schätze hielten ihn gebannt, und er musste sich Gewalt antun, nicht über sie herzufallen. Als der Alte ihm das Pulver überreichte, stellte er auch dem Bauern die Frage, ob er sonst noch einen Wunsch habe. Dieser konnte nun nicht mehr an sich halten, und mit einer Gier ohnegleichen fiel er über die Schätze her. Der Alte sah ihm gelassen zu und meinte: „Nimm ruhig soviel, wie du zu tragen vermagst.“ Das ließ sich der Bauer nicht zweimal sagen. Er stopfte sich die Taschen voll, füllte seinen Hut und raffte zusammen, was er kriegen konnte. Er bedauerte keinen Sack mitgebracht zu haben, denn die Schätze schienen unerschöpflich zu sein. „Morgen komme ich wieder,“ überlegte er, „dann werde ich den Alten gehörig erleichtern.“ Endlich war er soweit. Der Alte forderte ihn auf, ihm zu folgen. Da entdeckte der Bauer noch einen großen Goldklumpen. Er griff zu und nahm auch diesen noch. Aber der Goldklumpen war schwerer, als er gedacht hatte. An der Tür entglitt er ihm. Der Bauer, der sich schon draußen befand, drehte sich um und versuchte, den Klumpen wieder an sich zu bringen. Gerade als er ihn zufassen hatte, schloss sich der Stein und quetschte ihm den rechten Arm ab. Der Bauer verlor die Besinnung. Später fanden ihn seine Knechte. Der Blutverlust hatte ihn jedoch so sehr geschwächt, dass er nicht wieder zu sich kam. Am nächsten Tag hauchte er sein Leben aus. Kein Wort kam mehr über seine Lippen. Mit ihm trug man auch sein Geheimnis zu Grabe. Über den Schatz, den man bei dem Goldfuchsbauern gefunden hatte, konnte nichts in Erfahrung gebracht werden. Die Bäuerin nahm ihn an sich. Segen hat er ihr nicht gebracht. Ein Jahr später brannte ihr Haus ab, dabei ging nicht nur der Schatz verloren, sondern noch vieles andere mehr.

Der Schäfer hätte vielleicht eine gewisse Aufklärung geben können, aber man hütete sich, in ihn zu dringen. Er blieb hilfsbereit wie zuvor, wurde aber immer schweigsamer. Nachdem Trine gestorben war, hatte er kaum noch einen Menschen, mit dem er sprechen konnte, und war auch im Grunde froh, von dem Geschwätz der Menschen verschont zu bleiben.

Wenn jemand jedoch nicht weiß, was ihm fehlt, dann möge er den Schäfer aufsuchen. Der wird ihm dank seiner Freundschaft mit dem Alten im Stein helfen; aber er soll nicht viele Worte machen.